Aspekte|junior

Mittelstufe Deutsch

Übungsbuch C1
mit Audios zum Download

von
Ute Koithan
Helen Schmitz
Tanja Sieber
Ralf Sonntag

Ernst Klett Sprachen

Stuttgart

Von: Ute Koithan, Helen Schmitz, Tanja Sieber, Ralf Sonntag

Redaktion: Felice Lembeck
Layout: Andrea Pfeifer
Zeichnungen: Daniela Kohl
Satz und Repro: Satzkasten, Stuttgart
Umschlaggestaltung: Studio Schübel, München (Foto Schmetterlingsraupe: Worraket – shutterstock.com,
Foto Planierraupe: mihalec – shutterstock.com)

Verlag und Autoren danken allen Kolleginnen und Kollegen, die *Aspekte | junior* erprobt und mit wertvollen Anregungen zur Entwicklung des Lehrwerks beigetragen haben.

Aspekte | junior C1 – Materialien

Kursbuch mit Audios zum Download	605258
Übungsbuch mit Audios zum Download	605259
Medienpaket (4 Audio-CDs und Video-DVD)	605261
Lehrerhandbuch	605260
Aspekte junior digital mit interaktiven Tafelbildern	605264

Symbole im Übungsbuch

   Hör Track 2.

Die Audios zum Übungsbuch findest du als mp3-Download unter www.klett-sprachen.de/aspekte-junior/medienC1 Der Zugangscode lautet: aJqw56+

Zu diesem Buch gibt es Audios, die mit der Klett-Augmented-App geladen und abgespielt werden können.

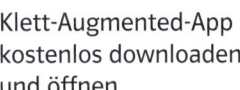

Klett-Augmented-App kostenlos downloaden und öffnen | Bilderkennung starten und **Seiten mit Audios** scannen | Audios laden, direkt nutzen oder speichern

 Scanne diese Seite für weitere Komponenten zu diesem Titel.

Apple und das Apple-Logo sind Marken der Apple Inc., die in den USA und weiteren Ländern eingetragen sind. App Store ist eine Dienstleistungsmarke der Apple Inc. | Google Play und das Google Play-Logo sind Marken der Google Inc.

1. Auflage   1 ⁴ ³ ² | 2022 21 20

Druck und Bindung: Print Consult GmbH, München

ISBN 978-3-12-605259-7

FSC
www.fsc.org
MIX
Papier aus verantwortungsvollen Quellen
FSC® C084279

9 783126 052597

Inhalt

Inhalt

Moment mal

Diese Übungen bereiten dich auf das Kapitel vor.

1 **Was für ein Tag! Ergänze die passenden Ausdrücke in der richtigen Form im Text.**

abstürzen	eine Nummer ziehen	kündigen	beitreten	einen Behördengang erledigen
sein Portemonnaie vergessen	drei Zehen brechen		den Wecker stellen	einen Platten haben

⬤ ⬤ ⬤

Liebe Leana,

gestern ging wirklich alles schief – das war ein Tag! Es fing schon damit an, dass wir alle

erst um 8:00 Uhr aufgewacht sind. Toll: Meine Eltern hatten vergessen,

(1) _____ zu _____ und wir haben alle

verschlafen. Ich bin also zu spät zur Schule gekommen, das war echt peinlich! Nach der Schule

musste ich mit meinem Vater noch einen wichtigen (2) _____

_____: Mein Reisepass war schon seit einem halben Jahr abgelaufen. Ich hatte es

nach der Schule also sehr eilig, aber als ich mit dem Rad losfahren wollte, habe ich gemerkt,

dass ich (3) _____ und ich musste zu Fuß nach Hause gehen.

Mein Vater war schon sauer, weil ich so spät war. Beim Bürgerbüro mussten wir dann

(4) _____ und lange warten. Als wir endlich dran waren,

hat mein Vater gemerkt, dass er (5) _____

hatte – alles umsonst! Wir sind also nach Hause gefahren und ich wollte meine Hausauf-

gaben machen. Aber mein Laptop hat nicht funktioniert, er ist ständig

(6) _____ und ich konnte mich nicht konzentrieren! Also keine

Hausaufgaben … Stattdessen bin ich zum Sport gegangen. Ich bin ja letzte Woche dem

Ruderverein (7) _____ und gestern war ich beim ersten Training.

Zuerst war alles super, aber dann ist mir das Boot auf den Fuß gefallen und ich habe mir

(8) _____ 🙁. Vielleicht sollte ich morgen

doch besser gleich die Mitgliedschaft wieder (9) _____.

Ich hoffe, dein Tag war besser!

Bis bald

Isa

2a   Begriffe aus dem Alltag. Notiere zu den Nomen jeweils den Artikel und das passende Adjektiv.

1. _____ Routine _____*routiniert*_____
2. _____ Verantwortung _____
3. _____ Rhythmus _____
4. _____ Monotonie _____
5. _____ Stress _____
6. _____ Eintönigkeit _____
7. _____ Verständnis _____

8. _____ Langeweile _____
9. _____ Sicherheit _____
10. _____ Sorglosigkeit _____
11. _____ Mitgefühl _____
12. _____ Spaß _____
13. _____ Gewohnheit _____
14. _____ Abwechslung _____

b   Schreib in wenigen Sätzen, was du an deinem Alltag magst, was nicht so sehr. Verwende auch Wörter aus 2a.

_____

_____

_____

_____

_____

3   Welches Wort passt wo? Ergänze.

abschalten	entfliehen	abgewinnen	meistern

1. Kurz vor den Abschlussprüfungen ist es manchmal ganz schön schwierig, den Alltag zu _____.
2. Manchmal muss ich dem Alltag einfach eine Weile _____. Dann mache ich am Wochenende eine Radtour mit meinen Freunden oder meiner Familie. Da kann ich so richtig _____.
3. Danach habe ich dann wieder ganz viel Energie und kann dem Alltag wieder viele positive Seiten _____.

4   Lies die Ausdrücke. Wann bzw. in welchen Situationen machst du das? Wähle fünf Aktivitäten und schreib Sätze.

Musik hören   Hausaufgaben machen   gähnen   an der Kasse Schlange stehen   chillen
seinen Gedanken nachhängen   unter Zeitdruck geraten   Zeit für sich finden   telefonieren
Leihfristen (online) verlängern   ein Eis essen gehen   mein Zimmer in Ordnung bringen
den Fahrradschlauch flicken   Zeit mit Freunden verbringen   Filme ansehen   Nachrichten schreiben

Abends – vor allem freitags – sehe ich gern Filme an. Am Samstag vergeht die Zeit dann immer viel zu schnell, wenn ich …

Zeitgefühl

1 Sprichwörter und Redewendungen zum Thema „Zeit". Was passt wo? Ergänze die passenden Ausdrücke in der richtigen Form.

mit der Zeit gehen	eine Frage der Zeit sein
nicht ewig Zeit haben	
Zeit verbringen	unter Zeitdruck stehen
die Zeit totschlagen	sich Zeit nehmen

1. Ich mache bald mein Abitur und stehe kurz vor den Prüfungen, deshalb _____ ich gerade ständig _____ .

2. Gute Ideen für die berufliche Zukunft kommen nicht auf die Schnelle. Da ist es besser, wenn man _____ für die Planung _____ .

3. In meinem Praktikum hat sich niemand um mich gekümmert, deshalb wusste ich nie, was ich den ganzen Tag tun soll. Ich habe mir irgendwelche blöden Aufgaben gesucht, um _____ _____ .

4. Warum arbeiten wir im Unterricht nicht mehr mit Apps oder Online-Übungen? Die Schule muss doch auch _____ .

5. Warum warst du heute schon wieder nicht beim Training? Wenn du so weitermachst, _____ es doch nur _____ , bis du aus der Mannschaft rausfliegst.

6. Jetzt beeil dich, Timo. Wir _____ .

7. Der Urlaub mit meinen Eltern war ziemlich langweilig. Immerhin war das Wetter super und ich habe die meiste _____ am Strand _____ .

2a Lies die Aussagen 1–10 zu dem Text „Ewig lang – rasend schnell" im Kursbuch. Welche Aussagen sind richtig (+), welche sind falsch (-), welche kommen im Text nicht vor (0)?

	+	-	0
1. In negativen Situationen scheint die Zeit langsamer zu vergehen.	☐	☐	☐
2. Je alltäglicher eine Situation ist, desto länger erscheint uns die Zeitdauer.	☐	☐	☐
3. Unser Gedächtnis bestimmt, ob wir eine Zeitdauer als lang oder kurz empfinden.	☐	☐	☐
4. Die Zeit vergeht in der Jugend schneller als im Alter.	☐	☐	☐
5. Kinder langweilen sich schnell, wenn sie nichts Neues erleben.	☐	☐	☐
6. Wenn die Tage immer sehr ähnlich ablaufen, bemerken wir die Zeit nicht mehr.	☐	☐	☐
7. Wir organisieren unsere Handlungen so, dass wir mögliche Gefahren vermeiden.	☐	☐	☐
8. Momente, die vergangen sind, sind uns näher als Momente, die noch kommen.	☐	☐	☐
9. Die Natur möchte uns motivieren, früh für die Zukunft zu handeln.	☐	☐	☐
10. Studien haben gezeigt, dass sich viele Menschen mehr Zeit für ihre Freunde nehmen wollen.	☐	☐	☐

b Arbeitet zu zweit: Vergleicht eure Antworten und korrigiert gemeinsam die falschen Aussagen.

3 Welche Aussagen passen zusammen? Ordne zu. Manchmal gibt es mehrere Möglichkeiten.

1. _____ Ich muss in den Ferien arbeiten, sonst …
2. _____ Ich muss Bio lernen, andernfalls …
3. _____ Ich muss mich beeilen, sonst …
4. _____ Ich brauche eine Pause, andernfalls …
5. _____ Ich muss acht Stunden schlafen, sonst …

a … kann ich nicht weiterlernen.
b … werde ich nicht wach.
c … kann ich die Reise nicht bezahlen.
d … schaffe ich den Test nicht.
e … verpasse ich den Bus.

4 Setz die Sätze mit *folglich, demnach* oder *somit* und den Ausdrücken aus dem Kasten fort.

> keine Hausaufgaben haben   gute Chancen haben zu bestehen   2 Wochen nicht zur Schule kommen
>
> viele gemeinsame Erinnerungen teilen können   keine Leute kennen
>   kaum Zeit für ein Hobby haben

1. Meine Eltern arbeiten 60 Stunden pro Woche. – folglich
2. Im Urlaub kann ich mit meiner ganzen Familie etwas zusammen erleben. – folglich
3. Mein Bruder hat wochenlang für sein Examen gelernt. – somit
4. Der Arzt hat bei Max eine schwere Grippe festgestellt. – demnach
5. Patrick ist neu in der Stadt. – folglich
6. Heute ist der Unterricht ausgefallen. – somit

1. Meine Eltern arbeiten 60 Stunden pro Woche, folglich haben sie …

5 *außer wenn …* oder *es sei denn, …?* Setz den passenden Konnektor ein.

1. Familienfeste finde ich langweilig, _____ meine Cousins sind da.

2. In mündlichen Prüfungen vergeht die Zeit meistens sehr schnell, _____ man weiß keine Antwort auf die Fragen.

3. Im Alltag rast die Zeit meistens, _____ man viel Neues erlebt.

4. Cora möchte nicht mit zur Schulparty gehen, _____ Jonas kommt auch.

5. Ich finde lange Autofahrten schrecklich, _____ wir in den Urlaub fahren.

6 Schreib Sätze zu den Bildern. Verwende die Konnektoren aus Übung 3 und 5.

A. Mein Vater …

1 Die einen sind in ihrer Freizeit im Verein aktiv, die anderen verbringen die meiste Zeit zu Hause. Lies den folgenden Text und wähle bei den Aufgaben 1–10 die Wörter (a, b, c oder d), die in den Satz passen. Es gibt jeweils nur eine richtige Antwort.

Was Deutschland in der Freizeit macht

Kino, Kaffee trinken, schlafen: Wie verbringen die Deutschen ihre Freizeit? Eine Umfrage zeigt wenig (0) Ergebnisse: Die Medien dominieren das Freizeitverhalten auch in Deutschland.

Die aktuellen Umfragewerte (1) deutschen Freizeitverhalten zeigen eines deutlich: Egal, ob Mann oder Frau, jung oder alt – für
5 die (2) Menschen in Deutschland (3) das Fernsehen oder Streamen von Filmen und Serien nach wie vor die wichtigste Freizeitaktivität.

97 Prozent der Deutschen (4) mindestens einmal pro Woche Filme oder Informationssendungen, so lautet das Ergebnis.
10 Auf (5) Nachfragen geben sogar mehr als zwei Drittel der Befragten an, täglich fernzusehen – (6) es auf dem Fernseher oder am Rechner, Tablet oder Smartphone, im aktuellen Fernsehprogramm, über eine Mediathek oder einen Video-Stream-Anbie-

ter. Vergleiche mit Studien und Umfragen aus früheren Jah-
15 ren zeigen, dass die Lieblingsbeschäftigung der Deutschen (7) seit fast 30 Jahren in Folge den ersten Platz belegt.

Und was macht man in Deutschland in der Freizeit, wenn man nicht gerade fernsieht? Sechs der zehn (8) Freizeitaktivitäten haben mit Medien zu tun. Chatten und im Netz surfen,
20 Musik hören, Zeitungen oder Zeitschriftenartikel lesen und telefonieren sind stark (9). Interessant ist aber auch, dass Freizeitbeschäftigungen wie chillen (74%), Freunde treffen (70%) oder (im Verein) Sport machen (67%) ebenfalls relativ konstant über die Jahre wichtig sind. Immerhin 66 Prozent
25 der (10) geben an, mindestens einmal pro Woche das Ausschlafen zu genießen.

Beispiel: (0)

a überraschen   **Lösung: c**
b überraschend
X überraschende
d überraschendes

1	3	5	7	9
a über	a bleibt	a genau	a daraus	a verbracht
b vom	b sieht	b genauem	b dafür	b verbreitet
c zum	c findet	c genauer	c damit	c verweilt
d mit	d wird	d genaueres	d davon	d verbunden

2	4	6	8	10
a alle	a beachten	a ist	a hohen	a Befragung
b manchen	b betrachten	b sei	b meist	b Gefragte
c meisten	c sehen	c wäre	c höchsten	c Erfragten
d vielen	d starten	d wird	d häufigsten	d Befragten

1a Du hörst ein Gespräch in einer Radiosendung. Welche Aussagen sind richtig? Kreuz an.

	r	f
1. Werner Wanko behauptet, dass die Arbeit mit leistungsstarken Computern schneller erledigt wird.	☐	☐
2. Heute können die Computer schon sehr schnell hochfahren, aber sie könnten noch schneller sein.	☐	☐
3. Sobald wir aktuelle Software installiert haben, gewinnen wir Zeit.	☐	☐
4. Beim Kauf eines neuen Rechners soll man in speziellen Foren nach Updates für andere Geräte, wie z. B. den Drucker, suchen.	☐	☐
5. Wanko empfiehlt den Verbrauchern dringend, mehrere Anti-Viren-Programme auf dem Rechner zu installieren.	☐	☐
6. Der Verbraucherschützer empfiehlt, die Zeit im Internet zu begrenzen.	☐	☐
7. Ohne Internet und Computer wären wir weniger abgelenkt und würden konzentrierter arbeiten.	☐	☐

b Hör das Gespräch noch einmal und ergänze die Zusammenfassung.

Geräte	beheben	der Mensch	für falsch

Kauf neuer Rechner   Inkompatibilität

schneller   Zeit sparen   überprüfen

Im Radiogespräch mit Werner Wanko vom Bundesamt für
Verbraucherschutz geht es um die Frage, ob uns immer
schnellere Computer und das Internet wirklich
(1) _____. Zunächst erklärt
Wanko, dass die neuen Rechner zwar deutlich (2) _____ geworden sind, aber z. B.
die Zeiten zum Hochfahren der Rechner im Verhältnis zu ihrer Leistung nicht schnell genug sind.
Er vermutet dahinter bewusste Entscheidungen der Computerindustrie, um Verbraucher zum
(3) _____ zu verleiten.
Wanko sieht drei Hauptursachen dafür, dass Computer und Internet Zeitdiebe sind: Als ersten Grund nennt
er (4) _____. Dazu erklärt er, dass wir viel zu viel Zeit damit verlieren,
Softwarekonflikte oder -probleme zu (5) _____. Außerdem ist es oft
schwierig, aktuelle Software für gut funktionierende, aber ältere (6) _____
(z. B. Drucker) zu finden. Als zweiten Punkt nennt er das Thema Sicherheit. Er erklärt, dass unsere Rechner
insgesamt viel Zeit benötigen, um alles auf Viren zu (7) _____ und Sicher-
heitssoftware zu aktualisieren. Und schließlich nennt er den für ihn größten Zeitfresser:
(8) _____ selber, der sich zu oft und zu lange vom großen Angebot im Internet
ablenken lässt. Dem Moderator und auch Herrn Wanko ist es am Ende des Gesprächs wichtig, darauf hinzu-
weisen, dass sie das Surfen im Internet nicht generell (9) _____ halten. Sie
empfehlen jedoch, dass man die Zeit bewusst als Pause wahrnehmen und seine Grenzen kennen sollte.

2 Trennbare und untrennbare Verben. Ergänze die Verben im Perfekt. Zwei Verben bleiben übrig.

> aufzeigen   überraschen   überzeugen
>
> besuchen   anfangen   gefallen   verstehen
>
> beantworten   gegenüberstellen   mitnehmen

Gestern war an der Schule ein Vortrag für Schülerinnen und Schüler und ihre Eltern. Der Vortrag „Handys und Smartphones – Zeitdiebe oder nicht?"

(1) _____ pünktlich um 20 Uhr _____. Der Andrang war groß,

denn viele Eltern und Schüler (2) _____ diesen Vortrag _____.

Die Referentin (3) _____ zunächst die technische Entwicklung der Handys von den Anfängen

bis heute _____. Dann (4) _____ sie den heutigen Gebrauch von

Smartphones dem Gebrauch von vor fünf Jahren _____. Das Ergebnis

(5) _____ mich nicht _____: Die Nutzerzahlen haben sich mehr als

verfünffacht. Das Fazit des Vortrags (6) _____ mir sehr gut _____:

Es ging der Referentin nämlich nicht darum, Smartphones schlecht zu machen, sondern unseren Umgang

damit infrage zu stellen. Sie (7) _____ die meisten Teilnehmer davon _____,

dass es gesünder ist, das Smartphone öfters mal aus zu lassen. Nach dem Vortrag (8) _____

sie noch Fragen _____, aber da musste ich leider schon gehen.

3 Infinitiv mit *zu*. Wo steht *zu*? Schreib die Sätze.

1. Ich versuche immer wieder, meine Eltern von den Vorteilen eines neuen Smartphones (überzeugen).
2. Bisher ist es mir noch nicht gelungen, ihre kritische Haltung (durchbrechen) und ihre Argumentation (widerlegen).
3. Ich habe auch schon oft vergessen, die Handyrechnung (überweisen).
4. Meine Eltern haben mich aber überzeugt: Es ist wichtig, die Kosten genau (durchrechnen).
5. Der Mobilfunkanbieter hat vor, das gesamte Netz (umbauen).
6. Ich hatte keine Zeit, deine Nachricht gründlich (durchlesen).
7. Es ist übertrieben, vielen Smartphonenutzern gleich Spielsucht (unterstellen).

4 Trennbar oder nicht? Bilde Sätze zum Handy-Game im Präteritum.

1. mein Freund – die Spielanleitung – in seine Muttersprache – übersetzen
2. wegen einer Baustelle – ich – die Kreuzung – umfahren
3. ein Auto – mich – fast – umfahren
4. wegen eines Gewitters – in einer Scheune – mich unterstellen
5. mit dieser Taktik – ich – das Problem – umgehen
6. im zweiten Spiel – ich – die Strecke – vom Hafen bis zur Insel – ohne Probleme – durchfahren
7. das Schiff – vom Festland – auf die Insel – übersetzen
8. ein Schreck – mich – beim Blick auf die Uhr – durchfahren
9. meine Freundin – mir – Spielsucht – unterstellen
10. mit ihrer Kritik – locker – ich – umgehen

1 Ausdrücke zum Thema „erste eigene Wohnung". Ergänze die Verben.

| pendeln | auskommen | anschaffen | tragen | halten | abnabeln | übernehmen |

1. sich von zu Hause _____

2. zwischen der Wohnung und den Eltern
   _____

3. Pflichten _____

4. mit seinem Geld _____

5. sich neue Möbel _____

6. sich an Regeln im Haus _____

7. Kosten für die Wohnung _____

2 Welche typische Aussage aus WG-Castings passt zu welcher Umschreibung? Ordne zu.

1. Ich mag es ganz gerne, wenn immer was los ist.

2. Ich würde mich als ordnungsliebend bezeichnen.

3. Ich denke, ich handle ökonomisch.

4. Mir ist ökologisches Bewusstsein wichtig.

5. Ich könnte für die WG auch mal was Leckeres machen.

6. Meine Freunde sagen, dass man sich auf mich verlassen kann.

____ a Diese Person räumt häufig auf und lässt nichts herumstehen.

____ b Diese Person ist gerne mit anderen Menschen zusammen.

____ c Vermutlich wird diese Person zuverlässig sein.

____ d Hier kann jemand gut kochen.

____ e Das ist jemand, der das Geld aus der WG-Kasse nicht sinnlos ausgibt.

____ f Diese Person achtet darauf, die Umwelt zu schonen.

3a Lies Teile aus einem Gespräch in einer WG. Um welche Themen geht es?

○ Ich wollte mal sagen, dass ich es nicht so gut finde, dass (1) _____
   _____.

● Ich verstehe ja, dass du lieber deine Ruhe haben willst, aber ich brauche zum Entspannen eben Musik.

○ Aber (2) _____?

● Ich finde gar nicht, dass die so laut ist. Und wenn deine Freunde da sind, ist es auch nicht gerade leise.

○ Naja, wir unterhalten uns eben. Wie wäre es denn, wenn (3) _____
   _____?

● Hört sich fair an. Dann schlage ich vor, dass wir das mal eine Woche ausprobieren.

○ Okay, damit kann ich gut leben.

● Dann können wir vielleicht auch gleich noch einmal darüber reden, dass (4) _____
   _____.

○ Ja, stimmt leider. Ich vergesse einfach immer einzukaufen.

● Eine Lösung wäre vielleicht, dass wir (5) _____.

○ Ja, gut. Dann versuchen wir das mal beides in der nächsten Woche.

b Ergänzt zu zweit passende Äußerungen im Gespräch aus 3a.

c Lest und spielt eure Mini-Dialoge in Gruppen vor. Welcher hat euch am besten gefallen? Warum?

Unser Zuhause

4 Ihr wohnt zu dritt in einer WG. Marcel, euer Mitbewohner, hat in letzter Zeit viel für die WG getan – ihr dagegen fast nichts. Jetzt schreibt er euch Nachrichten. Überlegt zu zweit, welche netten Vorschläge/Nachrichten ihr ihm zu jeder Nachricht zurückschreiben könnt und antwortet ihm.

> Kühlschrank ist leer und
> Getränke sind alle!!!
> Kauft endlich auch mal ein.

> Wir müssen den Hausmeister
> anrufen ... Ihr erinnert euch?
> Bitte erledigen. Schnell!

> Im Bad geht das Licht nicht mehr und
> der Küchentisch wackelt. Ich habe
> gerade den Staubsauger repariert.

> Wir wollten doch mal was
> zusammen unternehmen ...
> Gilt das noch?

5 Lies den folgenden Text. Der Text enthält 15 Fehler in Grammatik, Wortschatz, Rechtschreibung oder Zeichensetzung. Korrigiere sie. Pro Zeile gibt es maximal einen Fehler. Wenn eine Zeile korrekt ist, mach rechts neben die Zeile ein Häkchen (✓).

TIPP Achte auch auf Fehler, die dadurch entstehen, dass etwas fehlt (Satzzeichen, Wörter oder Teile von Wörtern).

0	**Leben in WGs wird immer beleibter**	_beliebter_
1	Früher lebten vor allen junge Leute mit wenig Geld zusammen in	
2	eine Wohngemeinschaft, damit sie sich die anfallenden Kosten für die	
3	Mitte teilen konnten.	
4	WGs haben neben den Finanzen auch weitere positive Aspekte: Man	
5	kann schnell neue Freunde, kommt in der neuen Umgebung	
6	schnell mit anderen in Kontakt und bleibt nicht allein.	
7	Weswegen leben inzwischen auch viele berufstätige Menschen in	
8	Wohngemeinschaften.	
9	Auch für Senioren wird es immer interessanter, in eine WG ziehen. Laut	
10	einer Umfrage des Forsa-Instituts sagen zwei Drittel der Senioren „Das	
11	Leben in einer WG ist das optimale Wohnkonzept im alter."	
12	Menschen über 60 hoffen in WGs an soziale Kontakte und gegenseitige	
13	Unterstützung. Man muss aber bedenken, dass nicht allen für eine	
14	Wohngemeinschaft wirklich ereignet sind. Man sollte tolerant, offen,	
15	flexibel und spontan sein, um sich in einer Wohngemeinschaft	
16	wohlfühlen. Außerdem sind Kompromisse nötig, damit es mit dem WG-	
17	Leben klappt. Entschieden ist es aber, die richtigen Leute zu finden.	
18	Man muss genau übernehmen, was man will.	

6 Lies die Überschriften (A-I) und die Beschreibungen von Wohnprojekten in Deutschland (1-5). Welche Überschrift passt zu welchem Projekt? Schreib den richtigen Buchstaben (A-I) zu jedem Abschnitt. Du kannst jeden Buchstaben nur einmal wählen. Vier Buchstaben bleiben übrig.

Wohnprojekte in Deutschland

A Romantisch wohnen in der Natur
B Gemeinsam gegen den Profit
C Grüne Innenstädte
D Wohnen auf vier Rädern
E Senioren-WG: Im Alter zusammen

F Autofrei – mehr Lebensqualität
G Kleine Häuser – kleine Paradiese
H Alt und Jung – doppelt hilft besser
I Umzug aufs Dorf – der Umwelt zuliebe

1 ____ Leben in der Stadt: Das bedeutet meist auch Leben mit starkem Straßenverkehr, Lärm und Abgasen. Das muss aber nicht sein. Einige Städte haben Projekte ins Leben gerufen, in denen Wohnungen an Menschen, die kein Auto haben, bevorzugt vermietet werden. In diesen Wohnvierteln findet man nur Spielstraßen und Fußgängerzonen. Statt Garagen gibt es Spielplätze, statt lauten Straßen zwitschernde Vögel. Projekte in Freiburg, Hamburg oder Kassel zeigen, dass viele Menschen bereit sind, ihr Auto gegen mehr Umweltschutz und kinderfreundliches Wohnen einzutauschen.

2 ___ In den Großstädten steigen die Mieten immer stärker an. Darum wird es für Studierende immer schwerer, bezahlbaren Wohnraum zu finden. Das Projekt *Wohnen für Hilfe* könnte eine Lösung sein: Senioren bieten ein Zimmer in ihrer Wohnung an und die jungen Mitbewohner unterstützen im Haushalt, beim Einkauf oder im Garten. Manchmal geht man auch nur gemeinsam in den Park oder unternimmt etwas zusammen. Als Richtwert für die Hilfe gilt: Eine Stunde Hilfe pro Monat für einen Quadratmeter Wohnraum.

3 ____ Viele Menschen wollen nicht mehr in der Stadt leben. Es zieht sie raus in die Natur. Einige von ihnen ziehen dafür in ein Ökodorf. Hier leben Menschen, die sich einen ökologischen Lebensstil wünschen und diesen Wunsch mit anderen in die Tat umsetzen möchten. Das beginnt beim umweltfreundlichen und energiesparenden Bauen von Häusern, geht weiter mit der Nutzung von Wind, Wasser oder Sonne bei der Energiegewinnung und betrifft auch ganz alltägliche Bereiche wie die Produktion und den Konsum von Bio-Lebensmitteln.

4 ____ Wozu teure Mieten für kleine Appartements zahlen, wenn es auch anders geht. Die mobile Einraumwohnung: der Bauwagen. Immer beliebter werden diese Holzwagen, die man sonst nur von Baustellen kennt. Viele, besonders junge Menschen, bauen sich diese Wagen zur kleinen Wohnung um. Mit Küchenecke, Ofen und großen Fenstern. Gemütlich und richtig romantisch. In Deutschland dürfen diese Wagen aber nicht überall stehen und darum gibt es für sie Wagenplätze, wo sie für eine bestimmte Zeit bleiben dürfen.

5 ____ Hamburg, München oder Stuttgart: Die Mieten für Wohnungen steigen immer weiter an. Oft werden Mietshäuser verkauft, renoviert und teurer neu vermietet. Die bisherigen Mieter müssen weichen und an den Stadtrand ziehen. Aber nicht alle: Einige haben sich zusammengetan und kurzerhand ihr altes Mietshaus gekauft. Sie haben die Renovierung nach den eigenen Finanzen gestaltet und geplant und entscheiden als Gemeinschaft über die Zukunft des Hauses. Das Mietshäuser-Syndikat wird immer beliebter, um preiswerten Wohnraum für alle zu schaffen und zu erhalten.

Aussprache: Schnelles Sprechen – Verschmelzungen und Verschleifungen

1 Wörter können sich beim schnellen Sprechen ändern. Lies die Varianten in A bis D. Welche
Variante hörst du zuerst (1) und welche danach (2)? Notiere die Ziffern.

A Haben Sie Zeit? ____

  Ham Sie Zeit? ____

B Wollen wir schwimmen? ____

  Wolln wir schwimm? ____

C Bitte nicht rauchen. ____

  Bitte nich rauchn. ____

D Wir können gut kochen. ____

  Wir könn gut kochn. ____

2a Welche Sätze hörst du? Kreuz an.

1. a Sie sehen das Spiel in einem Stadion an.
   b Sie sehen das Spiel in ihrem Stadion an.
2. a Was wollen Sie trinken?
   b Was wollte sie trinken?
3. a Sie könnte im selben Zimmer warten.
   b Sie können in seinem Zimmer warten.

4. a Hättest du einen Euro für mich?
   b Hast du mal einen Euro für mich?
5. a Ist es nicht schön?
   b Ist sie nicht schön?
6. a Waren Sie in der Mensa?
   b Warten Sie an der Mensa!

b Hör noch einmal und sprich mit. Was ändert sich beim schnellen Sprechen?

3 Ergänzt die Regeln zu zweit.

Ende	gebildet	gesprochen	Vokalen	Umgangssprache

Beim schnellen Sprechen, besonders in der (1) _____, werden oft

am (2) _____ von Wörtern Silben und Laute zusammengezogen oder

nicht (3) _____ (gehen – gehn / bauen – baun / nicht – nich), vor allem nach

(4) _____, Diphthongen, *h, l, r, m* und *n*. Oder nach *sch* oder *ch*.

Manchmal wird durch das Weglassen von Lauten und Silben aus mehreren Wörtern ein Wort

(5) _____ (um das – ums / kannst du – kannste / Was ist denn los? – Wassn los?).

4 Lest und sprecht zu zweit die Mini-Dialoge. Einmal in normalem Tempo und einmal schnell mit
zusammengezogenen Lauten und/oder Wörtern.

	A	B
normal:	○ Wollen wir mal fahren? ● Noch nicht. Hier ist es so nett.	○ Hast du mal zwei Euro? ● Was ist denn los? Was machst du denn mit deinem Geld?
schnell:	○ Wollnwa ma fahn? ● Noch nich. Hier isses so nett.	○ Haste ma zwei Euro? ● Wassn los? Was machstn mit deim Geld?

So schätze ich mich nach Kapitel 1 ein: Ich kann …	**+**	**○**	**—**
… Aussagen von Menschen, die sich in Vereinen engagieren, verstehen. ▶M2, A2a, b	☐	☐	☐
… ein Radiogespräch über Zeitverlust durch Internet und Computer zusammenfassen. ▶ÜB M3, Ü1	☐	☐	☐
… wichtige Tipps und Regeln aus einem Radiobeitrag zum Thema „Leben in WGs" verstehen, auch wenn nicht unbedingt Standardsprache gesprochen wird. ▶M4, A5d	☐	☐	☐
… einen komplexen Informationstext über das Thema „Zeitempfinden" verstehen. ▶M1, A1b und ÜB M1, Ü2a	☐	☐	☐
… einen Text zum Thema „Zeitdieb Handy" zusammenfassen. ▶M3, A2b, c	☐	☐	☐
… einen Informationstext und eine Grafik zum Thema „Ausziehen und selbstständiges Wohnen" verstehen und wichtige Informationen herausarbeiten. ▶M4, A1b	☐	☐	☐
… Erfahrungen zum Thema „Zeitempfinden" mit anderen austauschen. ▶M1, A1d	☐	☐	☐
… Gedanken und Meinungen zum Thema „Vereine" präzise und klar ausdrücken. ▶M2, A2c	☐	☐	☐
… einen Verein vorstellen und jemanden zur Mitgliedschaft in diesem Verein überreden. ▶M2, A3	☐	☐	☐
… ein Gespräch in einem WG-Casting führen, Fragen stellen und meine Qualitäten als Mitbewohner benennen. ▶M4, A6	☐	☐	☐
… über Probleme in einer Wohngemeinschaft diskutieren, meine Meinung vertreten und gemeinsam Lösungen finden. ▶M4, A7a–c	☐	☐	☐
… Notizen zu einem Text mit dem Thema „Zeitdieb Handy" erstellen. ▶M3, A2c	☐	☐	☐
… wichtige Inhalte aus einem Text und einer Grafik zum Thema „Ausziehen und selbstständiges Wohnen" zusammenfassen. ▶M4, A2a, b	☐	☐	☐
… eine kurze Nachricht an einen Mitbewohner schreiben, die eine Problemlösung enthält. ▶ÜB M4, Ü4	☐	☐	☐

Das habe ich zusätzlich zum Buch auf Deutsch gemacht (Projekte, Internet, Filme, Lesetexte, …):

Datum: Aktivität:

_____   _____

_____   _____

_____   _____

_____   _____

_____   _____

Grammatik und Wortschatz weiterüben: interaktive Online-Übungen unter www.klett-sprachen.de/aspekte-junior/online-uebungen3

Wortschatz

Modul 1 **Zeitgefühl**

beachten	_____	vergehen (vergeht,	_____
sich dehnen	_____	verging, ist vergangen)	
empfinden (empfindet,	_____	wahrnehmen (nimmt wahr,	_____
empfand, hat		nahm wahr, hat wahr-	
empfunden)		genommen)	
ewig	_____	der Zeitdruck	_____
die Routine, -n	_____	zeitweise	_____
subjektiv	_____	der Zeitraum, -"e	_____

Wörter, die für mich wichtig sind:

_____ _____ _____ _____

_____ _____ _____ _____

_____ _____ _____ _____

_____ _____ _____ _____

Modul 2 **Vereine heute**

einen Ausgleich haben zu	_____	die Mitgliedschaft, -en	_____
der Auslöser, -	_____	über den eigenen Schatten	_____
sich auspowern	_____	springen (springt,	
beitreten (tritt bei, trat bei,	_____	sprang, ist gesprungen)	
ist beigetreten)		der Vereinsgeist	_____
der/die Gleichgesinnte, -n	_____	der/die Vorsitzende, -n	_____
gründen	_____	das Zusammengehörig-	_____
jdn. für eine Idee gewin-	_____	keitsgefühl	
nen (gewinnt, gewann,			
hat gewonnen)			

Wörter, die für mich wichtig sind:

_____ _____ _____ _____

_____ _____ _____ _____

_____ _____ _____ _____

_____ _____ _____ _____

Modul 3   **Zuletzt online …**

achtsam	_____	übermäßig	_____
Alarm schlagen (schlägt,	_____	überrannt werden	_____
schlug, hat geschlagen)		verunsichert	_____
durchschauen	_____	voreilig	_____
entsperren	_____	die Vorstufe, -n	_____
die Erholungsphase, -n	_____	wegbrechen (bricht weg,	_____
klammheimlich	_____	brach weg, ist weg-	
die Langzeitfolge, -n	_____	gebrochen)	
sich schämen	_____	sich zerstreuen	_____
die Spielsucht	_____	zocken	_____

Wörter, die für mich wichtig sind:

_____   _____   _____   _____

_____   _____   _____   _____

_____   _____   _____   _____

_____   _____   _____   _____

Modul 4   **Unser Zuhause**

anschaffen	_____	die Last, -en	_____
auskommen mit (kommt	_____	lästig	_____
aus, kam aus, ist		meckern	_____
ausgekommen)		die Nervensäge, -n	_____
dreckig	_____	ordentlich	_____
finanzieren	_____	das Paradies, -e	_____
sich halten an (hält, hielt,	_____	pendeln	_____
hat gehalten)		jdm. Vorschriften machen	_____
in Kauf nehmen (nimmt,	_____	weg sein (ist, war,	_____
nahm, hat genommen)		ist gewesen)	

Wörter, die für mich wichtig sind:

_____   _____   _____   _____

_____   _____   _____   _____

_____   _____   _____   _____

_____   _____   _____   _____

Hast du Worte?

Diese Übungen bereiten dich auf das Kapitel vor.

1 **Was passt wo? Ergänze die Ausdrücke in der richtigen Form.**

wortwörtlich	kein Wort über etw. verlieren	Worte	wortlos	wortgewandt
sich zu Wort melden	jdn. beim Wort nehmen	~~Wörter~~	wortkarg	zu Wort kommen

1. Der Text, den wir schreiben sollen, soll ca. 250 _Wörter_ umfassen.

2. Unser Direktor sprach gestern bei der Schulversammlung deutliche _____.

3. Unser Schulsprecher hat sich bei der Versammlung kein einziges Mal _____
_____. Den wähle ich nicht wieder!

4. Sanna redet immer so viel, da _____ ich nie _____.

5. „Wenn du Hilfe brauchst, sag Bescheid." – „Gut, danke, ich werde dich _____
_____."

6. „Hast du eigentlich mit Sarah noch mal über euren Streit gesprochen?" – „Nee, ich habe sie gestern
getroffen, aber sie hat _____ darüber _____."

7. „Wie war denn das Referat von Max?" – „Sehr gut. Unser Lehrer hat gesagt, dass Max sehr
_____ ist."

8. „Jetzt sag doch auch mal was anderes als „Ja." oder „Nein."! Sei nicht immer so _____."

9. Die Noten der letzten Klassenarbeit waren echt schlecht. Als wir die Arbeit zurückbekommen haben,
waren wir alle überrascht und haben _____ unsere Ergebnisse angesehen.

10. „Was hat er denn gesagt?" – „Das habe ich dir doch schon erzählt." – „Ja, aber was hat er denn ganz
genau gesagt?" – „Also gut, _____ hat er gesagt, dass …"

2 **Welches Wort passt nicht? Streiche es durch.**

1. sich auseinandersetzen – sich beschimpfen –
sich streiten – sich vertragen
2. kooperieren – präsentieren – referieren – vortragen
3. beteuern – beweisen – versichern – versprechen
4. denken – erfahren – glauben – meinen
5. schreien – brüllen – flüstern – kreischen

3 **Nomen zum Thema „Kommunikation". Lies die
Definitionen und ergänze das Rätsel. Wie heißt das
Lösungswort?**

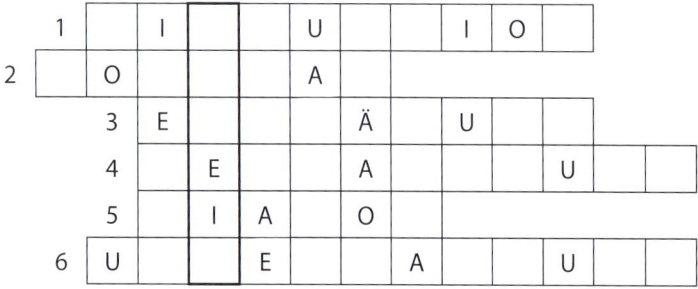

waagrecht: 1. wenn mehrere Personen
ihre Argumente zu einem Thema austauschen, 2. Präsentation, 3. wenn man
beschreibt, wie etwas funktioniert,
4. wenn mehrere Parteien über Bedingungen sprechen, z. B. bei einem Vertrag, 5. wenn zwei Personen miteinander
sprechen / Gegenteil von Monolog,
6. wenn mehrere Personen miteinander
sprechen
senkrecht: verbale Auseinandersetzung

4a Erstelle eine Mindmap zum Thema „Sprechen".

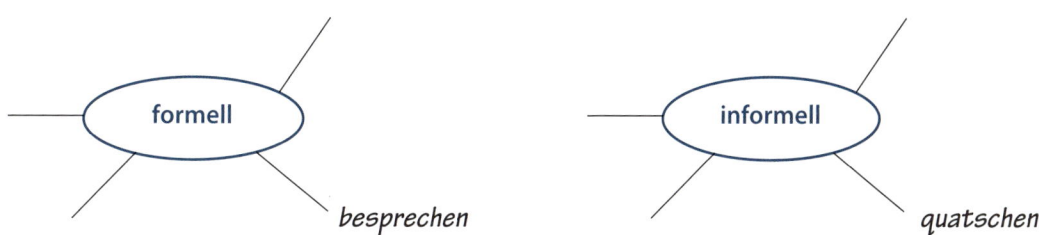

ausführen	plaudern	beraten	definieren	spotten	erläutern	erörtern	tratschen
labern	begründen	~~quatschen~~	einwerfen	~~besprechen~~	lästern	wiedergeben	

formell ———— *besprechen*

informell ———— *quatschen*

b Ergänze die Sätze mit Verben aus 4a. Es gibt mehrere Möglichkeiten.

1. Ich habe gestern seit Langem mal wieder Maria getroffen. Es gab so viel zu erzählen und wir haben den

    ganzen Abend _____.

2. Mein Bruder war heute Morgen ganz aufgeregt. Er muss vor seinem Chef sein neues Projekt

    _____.

3. In unserer Klasse gibt es immer wieder Konflikte. Heute werden wir uns zusammensetzen und

    _____, was besser werden muss.

4. Unter meinen Freunden wird viel zu viel über andere _____, die nicht dabei

    sind. Das finde ich unfair, wenn man sich nicht wehren kann.

5 Redewendungen zum Thema „Lachen". Welche sind positiv (+), welche negativ (-)? Markiere.

____ 1. Kim und Max sind ein Paar? *Da lachen ja die Hühner!* Kim findet Max doch total blöd!

____ 2. Tamara kann super Witze erzählen. Wir haben *uns* gestern fast *totgelacht*!

____ 3. ○ Hey, pass doch auf. Jetzt habe ich Flecken auf der Hose. *Das ist nicht zum Lachen!*

____ 4. ● Entschuldige. Aber du hast so ein lustiges Gesicht gemacht. Da *konnte ich mir das Lachen nicht verkneifen.*

____ 5. Auf meinem Geburtstag haben wir Personenraten gespielt. *Das war echt zum Brüllen.* Wir haben so viel gelacht.

____ 6. Gestern war ich beim Friseur. Ich sehe schrecklich aus und in der Schule haben mich alle *ausgelacht*. Voll peinlich!

Immer erreichbar

1 **Muss man immer erreichbar sein? Hör die Umfrage und notiere.**

Person	Ja/Nein	Gründe
Tim F., 21		
Ella K., 16		
Leo W., 18		

2 **Meldungen aus der Zeitung. Welches Verb passt? Ergänze es im Präteritum.**

1. *sich äußern – behaupten*: Die Direktorin _____, nichts von den Problemen an der Maximilian-Schule gewusst zu haben.

2. *melden – beschreiben*: In einem Interview _____ dagegen mehrere Schüler sehr genau, was passiert war.

3. *betonen – berichten*: Auf den Skandal angesprochen, _____ die Schulleitung mehrmals, man bemühe sich um eine lückenlose Aufklärung.

4. *hervorheben – bezweifeln*: Der Schulrat _____, dass er alles in seiner Macht Stehende versuchen werde, um die Situation für alle Schüler zu verbessern.

5. *unterstreichen – melden*: Die Presseagentur _____ vor zwei Stunden, dass eine Schulreform beschlossen worden sei.

6. *kommentieren – versichern*: Auf der Pressekonferenz _____ der Minister-präsident, dass man alles tun wolle, um die Bildungschancen aller zu verbessern.

7. *widersprechen – mitteilen*: Das zuständige Amt _____, dass im nächsten Jahr mehrere Millionen Euro in den Bereich Bildung investiert werden sollen.

8. *entgegnen – sprechen*: Als eine Journalistin nach den genauen Plänen fragte, _____ der Ministerpräsident, er könne dazu jetzt noch nichts Genaues sagen.

9. *erläutern – bestätigen*: Der Schulrat _____ genau, was seiner Ansicht nach bei einer Reform wichtig sei.

10. *erzählen – sagen*: In seiner Rede _____ der Schulrat auch, was er vor Jahren in seiner Schulzeit erlebt hat.

3 Form die Sätze um und verwende präpositionale Ausdrücke zur Redewiedergabe.

1. Viele Wissenschaftler meinen, Kommunikationspausen sind notwendig. (laut)
2. Die Studie besagt, dass die ständige Erreichbarkeit bei vielen Menschen Stress verursacht. (nach)
3. Wie die Tageszeitung berichtet, besitzt in Deutschland fast jeder ein Smartphone. (laut)
4. Eine Umfrage hat gezeigt, dass immer mehr Menschen auf ihren Festnetzanschluss verzichten. (zufolge)
5. Experten meinen, dass Handys während der Hausaufgaben ausgeschaltet werden sollen. (nach)

1. Laut vieler Wissenschaftler sind Kommunikationspausen notwendig.

4 Bilde Nebensätze mit *wie*.

1. Laut einer Mitteilung der Schulleitung soll im kommenden Jahr mehr Geld in die Ausstattung der Medienräume investiert werden.
2. Nach einer Meldung der Nachrichtenagentur dpa hat die Bundesregierung einen flächendeckenden WLAN-Ausbau beschlossen.
3. Dem Bericht der Zeitschrift „Wirtschaften" zufolge sollen auch entlegene Gebiete einen schnellen Zugang ins Internet erhalten.
4. Nach einer Vereinbarung der EU-Länder sollen Bürger in Zukunft auf öffentlichen Plätzen und in öffentlichen Gebäuden kostenlos online gehen können.
5. Laut der Feststellung von Experten gehen immer öfter Menschen bewusst offline.

1. Wie die Schulleitung mitteilt, soll im kommenden Jahr mehr Geld in die Ausstattung der Medienräume investiert werden.

5a Ergänze die Verben im Konjunktiv I oder, wenn nötig, im Konjunktiv II.

Ärzte sagen, die ständige Erreichbarkeit

(1) _____ (bedeuten)

für viele Menschen Stress und Stress

(2) _____ (sein)

der Auslöser für viele Krankheiten.

Doch nur wenige Menschen

(3) _____ es

_____ (schaffen),

ihr Handy am Abend oder am Wochenende

auszuschalten, so die Chefärztin Magdalena

Iwanow, die im letzten Jahr dazu eine groß angelegte Studie durchführte. Durch die heutigen technischen

Möglichkeiten (4) _____ (können) ein Teil der beruflichen Aufgaben auch außerhalb

des Büros erledigt werden. Viele Berufstätige (5) _____ (können) sich deshalb nach

der Arbeit nicht mehr richtig entspannen. Auch andere Experten berichten, dass die Entwicklung dazu

(6) _____ (führen), die Grenzen zwischen Arbeit und Privatleben immer mehr

aufzulösen. Eigentlich (7) _____ (müssen) zwischen den Arbeitsphasen eine

Ruhezeit von mindestens 11 Stunden gewährleistet werden, erklärt Frau Dr. Iwanow. Das gleiche

(8) _____ (gelten) für Schüler und Studenten.

b Gib die Aussagen im Konjunktiv wieder. Verwende verschiedene einleitende Verben.

1. Immer erreichbar zu sein, ist heute völlig normal.

2. Manchmal finde ich es stressig, dass man mich immer anrufen kann.

3. Meine Eltern wollen, dass ich für Notfälle mein Handy immer dabeihabe.

4. Wer nichts verpassen will, muss immer erreichbar sein.

5. Früher ging es doch auch ohne Handy.

6. Nicht mal im Kino schalten die Leute ihre Handys aus.

7. Manche Leute geraten in Panik, wenn sie mal ihre Nachrichten nicht lesen können.

8. Ich will mich auch mal in Ruhe unterhalten, ohne dass ständig das Handy klingelt.

1. Sie sagt, immer erreichbar zu sein, sei heute völlig normal.

6a Lies den Text aus der Zeitung „Frankfurter Allgemeine" und notiere drei wichtige Aussagen. Verwende dabei alle Möglichkeiten der Redewiedergabe.

Recht auf Unerreichbarkeit

BMW-Mitarbeiter erhalten Ausgleich für Smartphonearbeit

VW hat sie schon und auch die Telekom: Regeln gegen ständige Erreichbarkeit von Mitarbeitern per
5 Smartphone in der Freizeit. Jetzt gibt sich auch BMW einen solchen Kodex. Und führt „Mobilarbeitszeit" ein, die man später ausgleichen kann.

Der Automobilhersteller BMW fügt sich in die Reihe der deutschen Unternehmen ein, die sich selbst
10 Regeln auferlegen, um Arbeit vom Smartphone oder Tablet aus in der Freizeit zu begrenzen. Dafür können Mitarbeiter an den deutschen Standorten künftig sogenannte „Mobilarbeit" in ihre Arbeitszeitkonten eintragen. Diese Zeiten können sie sammeln und da
15 für an anderen Tagen weniger arbeiten oder ganze freie Tage nehmen.

BMW will auf diese Weise die Gefahr verringern, dass Mitarbeiter aufgrund ständiger Erreichbarkeit in der Freizeit gar nicht mehr abschalten können und
20 frühzeitig einen Burnout erleiden. Um dem vorzubeugen, soll es nicht nur den Freizeitausgleich über die Arbeitszeitkonten geben, sondern auch feste, mit den Vorgesetzten vereinbarte Zeiten, in denen Mitarbeiter nicht erreichbar sind.

25 **IG-Metall hätte am liebsten ein Gesetz**

Der Vorstoß des Automobilherstellers ist dabei nicht neu. Schon seit langer Zeit existieren etwa Regelungen gegen eine ständige Erreichbarkeit von Mitarbeitern im VW-Konzern und bei der Telekom.
30 Auch schon vor mehreren Monaten hatte IG-Metall gar eine gesetzliche Regelung gegen Handy-Stress von Arbeitnehmern in der Freizeit gefordert. Die Koalition soll unterbinden, dass Mitarbeiter überhaupt noch nach Feierabend E-Mails von ihren
35 Chefs auf ihre Smartphones bekommen.

Wie die „Frankfurter Allgemeine" berichtet, ...

b Arbeitet zu zweit und vergleicht eure Sätze. Habt ihr unterschiedliche Aussagen notiert?

1 Sieh die Zeichnungen an. Welche Ausdrücke passen zu den Bildern? Ordne zu.

A

B

C

1. jdm. die Stirn bieten ___   2. jdn. ausgrenzen ___   3. jdn. erniedrigen ___

2a Lies den Ratgebertext. Welche Überschriften passen zu den Abschnitten 1–4? Ordne zu.

A Konter humorvoll

B Schweigen ist Gold

C Komm zurück zur Sache

D Brems den anderen aus

Du bist kein Typ für schnelle Konter?
Dann helfen dir vielleicht diese Alternativen:

Fehlen dir manchmal die Worte? In der Schule oder auch privat in der Familie oder bei Freunden? Besonders, wenn dich dein Gesprächspartner gerade provozieren möchte oder einfach nur unverschämt ist?

5   Nicht jeder von uns ist schlagfertig und hat gleich eine passende Antwort parat. Es gibt auch Alternativen:

1 _____

    Heute hältst du dein Referat. Du bist nervös und aus der Klasse kommt: „Jetzt geht´s los! Da bin ich aber mal
10 gespannt!" Da ist er: Dein Gegner im verbalen Kampf, denn natürlich ist das mal wieder ironisch gemeint. Er wartet auf deinen schnellen Konter und bereitet im Geist schon den
15 nächsten Angriff vor. Deine Taktik: Stopp die Attacke, bleib cool und nimm dir Zeit. Bloß keine Hektik. Reagiere ruhig, z. B. mit einer interessierten Frage an dein Gegenüber.

20 „Findest du das Thema auch so spannend?" Und plötzlich wird dein Gegner kleinlaut. Du aber bleibst im Gespräch, behältst die Kontrolle und bestimmst das Tempo.

2 _____

25   Charmante und nicht ganz ernste Antworten sorgen dafür, dass die Situation wieder lockerer wird und du Pluspunkte sammelst. Fiese und gemeine Äußerungen verlieren damit schnell ihre Macht. Wenn jemand zum Beispiel bei deiner Präsentation im Unterricht im-
30 mer wieder stört und dumme Bemerkungen macht wie

„Das ist doch nichts Neues, wird das auch noch interessant?" reagierst du mit „Ich freue mich über den Experten, dem das alles schon bekannt ist. Er wird eure Fragen im Anschluss sicher gerne beantworten."

35 **3** _____

    Ihr diskutiert in der Klasse. Und schon wieder provoziert jemand und widerspricht dir andauernd. Geh auf das Gesagte ein, bleib aber bei deiner Ansicht. Deine Reaktion ist vielleicht nicht sehr kreativ, wie z. B.:
40 „Das ist vielleicht deine persönliche Meinung. Wenn wir aber objektiv die Fakten betrachten, dann ist schnell klar, dass …". Trotzdem ist sie sehr nützlich,
45 denn damit kommst du schnell wieder zu dem Thema zurück, um das es eigentlich geht.

4 _____
_____

50   Manche Aussagen sind einfach nur total daneben. Wenn du deine Meinung zu einem Thema sagst und Antworten hörst wie „Eins ist klar: Du hast von dem Thema gar keine Ahnung." oder „Hey, erst denken, dann reden.
55 Schon mal gehört?", dann könnte man vor Wut platzen. Viel besser ist aber genau das Gegenteil. Schweige einfach. Sag eine Minute einfach nichts und schau den Angreifer an. Schnell wird es still im Raum und die Frechheit der Aussage wirkt unangenehm für den an-
60 deren nach. Du aber zeigst Stärke und bleibst gelassen.

---

b Welche Alternative gefällt euch am besten? Warum? Sprecht in Gruppen.

Sprachen lernen

1a Ergänze die passenden Nomen und Verben. Notiere die Nomen mit Artikel.

1. erwerben _____
2. kennen _____
3. vermitteln _____
4. erinnern _____
5. teilnehmen _____

6. die Kommunikation _____
7. die Auseinandersetzung _____
8. die Motivation _____
9. das Gespräch _____
10. die Darstellung _____

b Such die Adjektive und bilde passende Nomen.

ashovollständigvsfklarakbdintelligentajbstarkajdajdalggemeiniheschnellbfxaltkwselten

2 Vom Nominalstil zum Verbalstil. Forme in Sätze mit Präpositionalergänzung um.

1. Es gibt eine <u>Unterscheidung zwischen</u> dem Lernen und dem Erwerb einer Sprache.

   Die Wissenschaft _*unterscheidet*_ _*zwischen*_ dem Lernen und dem Erwerb einer Sprache.

2. Die <u>Antworten auf</u> die Frage nach dem Zusammenhang zwischen Alter und Spracherwerb stehen

   teilweise noch aus.

   Die Forscher können _____ die Frage nach dem Zusammenhang zwischen Alter und

   Spracherwerb noch nicht _____.

3. Die <u>Diskussion über</u> das optimale Lernen einer Sprache wird weiter fortgesetzt.

   Auch in Zukunft wird weiter _____ das optimale Lernen einer Sprache _____.

4. Die Fachdisziplinen treiben ihre <u>Forschungen zu</u> diesem Thema weiter voran.

   Die Fachdisziplinen _____ weiterhin _____ diesem Thema.

5. Unser <u>Wissen über</u> die Funktionen der Sprache ist immer noch gering.

   Wir _____ immer noch wenig _____ die Funktionen der Sprache.

3a Verbalisiere die folgenden Ausdrücke.

1. das schnelle Erlernen einer Sprache

   *eine Sprache schnell erlernen*

2. die guten Kenntnisse der Grammatik

   _____

3. die Aufrechterhaltung sozialer Kontakte

   _____

   _____

4. die Korrektur der ersten Fehler

   _____

5. der klare Aufbau der Sätze

   _____

6. das Führen einer erfolgreichen Kommunikation

   _____

b Vom Nomen zum Adjektiv. Forme wie im Beispiel um.

1. die Leichtigkeit des Lernens – _*Das Lernen ist leicht*_.
2. die Aktualität der Forschung – _____
3. die Korrektheit der Aussprache – _____
4. die Schwierigkeit der Grammatik – _____
5. die Unterschiede des Spracherwerbs – _____

4a Ergänze die fehlenden Nomen, Verben oder Präpositionen.

Nomen	Verben	Präpositionen
das Gespräch	sprechen	*über, mit*
	sich beschäftigen	
der Bericht		
	reagieren	
die Beschwerde		
	hinweisen	

b Wähle zwei Verben und zwei Nomen aus 4a. Schreib dazu Sätze wie im Beispiel.

sprechen über: Wir haben lange über die Projektwoche gesprochen.
das Gespräch über: Wir hatten ein langes Gespräch über die Projektwoche.

5 Personalpronomen im Verbalstil werden im Nominalstil zu Possessivartikeln. Forme um.

1. Wir kommunizieren gut miteinander.   *unsere (gute) Kommunikation*
2. Er unterrichtet an einer Hochschule.
3. Ihr präsentiert interessant.
4. Wir sprachen über das Schulprojekt.
5. Sie lernen schnell.
6. Sie haben uns gut beraten, Herr Bach.
7. Ich telefoniere mit meinen Eltern.
8. Sie übersetzt den Text ins Spanische.

6 Bilde die Nominalform wie im Beispiel.

1. Kinder eignen sich eine andere Sprache schnell an.
2. In der Schule werden Fremdsprachen vermittelt.
3. Die Muttersprache wird mühelos erworben.
4. Im Kindesalter lernen wir Sprachen leicht.
5. Durch viel Übung reduzieren sich die Fehler.
6. Die Sprachkenntnisse von Schülern werden durch mehr Sprachkontakte verbessert.
7. Die Forscher beobachten den Spracherwerb genau.
8. Es wurden Unterschiede beim frühen und späten Lernen entdeckt.

1. die schnelle Aneignung einer anderen Sprache durch Kinder

Sag mal was!

1 Was verbindest du mit „Dialekt"? Ergänze die Mindmap und vergleiche mit deinem Nachbarn / deiner Nachbarin.

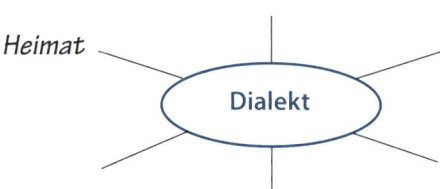

Heimat

Dialekt

2 Welche Ausdrücke aus dem Text im Kursbuch haben eine ähnliche Bedeutung? Notiere.

1. unterlassen (Abs. 1): _____

2. verschwinden (Abs. 1): _____

3. lehren (Abs. 1): _____

4. die Neubelebung (Abs. 2): _____

5. die Möglichkeit (Abs. 3): _____

6. aussehen (Abs. 3): _____

7. die nachfolgende Generation (Abs. 3):

_____

8. bemerken (Abs. 4): _____

9. augenscheinlich (Abs. 5): _____

10. ausreichen (Abs. 6): _____

11. sich anhören (Abs. 6): _____

12. den Wunsch hegen (Abs. 7): _____

3a Diskutieren. Wie heißen die Redemittel? Ergänze.

verdeutlichen   einleuchtend   widersprechen   recht
Erachtens   berücksichtigen   nachvollziehen   Überzeugung

1. Ich bin der festen _____, dass …

2. Meines _____ ist das …

3. Ich kann nicht _____, warum …

4. Man muss hierbei _____, dass …

5. Für mich klingt dieses Argument _____.

6. Da kann ich dir nur völlig _____ geben,

   denn …

7. Dieser Aussage muss ich _____, weil …

8. Man kann das an den folgenden Beispielen

   _____: …

b **Lies den Zeitschriftartikel. Wo passt welches Wort? Notiere die passende Zahl.**

achten ___	aussterben ___	vermeide ___	verbinde ___	Ausnahme ___
beobachten ___	Wert ___	verpönt ___	ausdrücken ___	angesehen ___

Dialekte – beliebt wie nie

Leugnen lässt es sich nicht: Dialekte sind wieder in. Doch was verbinden eigentlich junge Menschen mit Dialekten? Und kann man wirklich auch überall Dialekt sprechen? Gerade in der Schule und im Universitätsleben ist der
5 Dialekt oft verpönt. Andererseits boomen Dialektkurse und Heimattheater. Einig sind sich die meisten Dialektsprecher, dass ein Dialekt die eigene Sprache interessanter und vielfältiger macht.

Verbunden mit der Heimat

10 Ich bin mit meinem Dialekt aufgewachsen und ich (1) damit auch meine Heimat. Ich lebe hier auch gern. Mir gefällt es, dass man bei uns noch (2) auf Traditionen legt. Wir feiern auch viele Feste und irgendwie gehört der Dialekt einfach dazu. Ich kann mir vorstellen, dass das in der Großstadt anders ist. Und klar, an der Uni sollte man wahr-
15 scheinlich eher darauf (3), Hochdeutsch zu sprechen. Aber bei uns auf dem Land ist der Dialekt ganz selbstverständlich. Hochdeutsch finde ich ziemlich langweilig. Wir haben im Dialekt so gute Redensarten und auch Wörter. Das könnte man auf Hochdeutsch alles gar nicht so gut (4).

Paul B., 18 Jahre, Traunstein

20 ### Öcher Platt – Dialekt ist „in"

Meine Großeltern sprechen Öcher Platt, so heißt der Dialekt in meiner Heimatstadt Aachen. Die älteren Leute sprechen den Dialekt eigentlich immer, ohne (5). Er ist auch nicht (6) wie vielleicht der Dialekt in anderen Städten oder Regionen. Dialekt sprechen ist ziemlich hoch (7) und wird
25 auch gefördert, zum Beispiel bringen die Theater auch Stücke auf Öcher Platt. Ich spreche mit meinen Freunden aber Hochdeutsch. Das sprechen wir ja auch in der Schule miteinander und dann wäre es irgendwie komisch, wenn wir dann plötzlich am Nachmittag anders reden würden. Aber ich fände es auch sehr schade, wenn unser Dialekt (8) würde. Der
30 gehört irgendwie auch zu unserer Region dazu.

Ida, 17 Jahre, Schülerin, Aachen

Zu Hause spreche ich Dialekt

Ich bin in Stuttgart aufgewachsen und habe unseren Dialekt auch ziemlich gern gesprochen. Aber bei meinem Vater konnte ich (9): Sobald er beruflich mit Leuten sprach oder sobald wir in einer anderen
35 Stadt waren, hat er nur noch Hochdeutsch gesprochen. Erst fand ich das komisch, aber dann habe ich begriffen: Dialekt, das ist mehr für das Private, für zu Hause. Seit ich für mein Studium in Hannover wohne, (10) ich es sowieso, Dialekt zu sprechen. Wenn ich hier in meinem Dialekt sprechen würde, würden die Leute das wahrschein-
40 lich komisch finden und sich über mich lustig machen. Aber ich habe es noch nie ausprobiert, ehrlich gesagt.

Marie I., 19 Jahre, Studentin, Hannover

4 Du sollst dich dazu äußern, welche Bedeutung Fremdsprachen heute haben.

GI

Schreib,

> was dir an der Grafik besonders auffällt.

> welche Fremdsprachen in deinem Land hauptsächlich gelernt werden.

> welche Bedeutung Fremdsprachen heute haben.

> was beim Sprachenlernen helfen kann.

> wann man beginnen sollte, eine Fremdsprache zu lernen.

Fremde Sprachen lernen

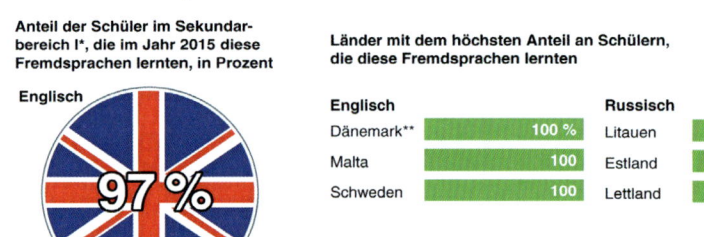

Anteil der Schüler im Sekundarbereich I*, die im Jahr 2015 diese Fremdsprachen lernten, in Prozent

Englisch **97 %**

Französisch **34**

Deutsch **23**

Spanisch **14**

Russisch **3**

Italienisch **1**

Länder mit dem höchsten Anteil an Schülern, die diese Fremdsprachen lernten

Englisch		Russisch	
Dänemark**	100 %	Litauen	66
Malta	100	Estland	64
Schweden	100	Lettland	60

Französisch		Spanisch	
Luxemburg	100	Schweden	44
Zypern	89	Frankreich	39
Rumänien	84	Italien	22

Deutsch		Italienisch	
Luxemburg	100	Malta	57
Dänemark**	74	Kroatien	11
Polen	69	Frankreich	3

*im Alter zwischen 11 und 15 Jahren je nach nationalem Bildungssystem, **2014; keine Daten für Großbritannien; Luxemburg: Deutsch und Französisch auch Amtssprache; Malta: Englisch auch Amtssprache

Quelle: Eurostat (2017)

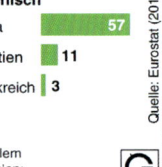

© Globus 11609

Hinweise:
Bei der Beurteilung wird unter anderem darauf geachtet,
- ob du alle Inhaltspunkte berücksichtigt hast.
- wie korrekt du schreibst.
- wie gut Sätze und Abschnitte sprachlich miteinander verknüpft sind.

Schreib mindestens 200 Wörter.

TIPP In der Prüfung hast du für diese Aufgabe 65 Minuten Zeit. Teil dir diese Zeit gut ein. Schreib zuerst auf ein extra Blatt die fünf Inhaltspunkte und notiere dir dazu Informationen/Argumente/Beispiele und eine passende Reihenfolge.

Aussprache: Komplexe Lautfolgen

 1a Wie spricht man diese Wörter aus? Hör und markiere den Wortakzent.

6

1. Bevölkerungszunahme
2. Eichhörnchen
3. kulturübergreifend
4. mikrowellengeeignet
5. Elektrizitätswerk
6. funktionstüchtig
7. Meisterschaftsspiel
8. Pappschächtelchen

Ich liiiieeebe diese Pappschächtelchen!!

b Hör die Wörter langsam gesprochen und markiere die Silben.

7

c Sprich die Wörter erst langsam, dann immer schneller. Welche Wörter sind dir leichter gefallen, welche schwerer? Warum?

 2a Hör die Wörter in normalem und langsamem Sprechtempo. Gehe vor wie in 1: Hören + Wortakzent markieren → Hören + Silben markieren.

8-9

1. erziehungsberechtigt 2. fälschlicherweise 3. Fischstäbchen 4. Gänsefüßchen 5. Justizvollzugsanstalt
6. Kirschsaftschorle 7. Kopfsteinpflaster 8. Nachttischlämpchen 9. Relativitätstheorie 10. Schönheitschirurg

b Sprich die Wörter erst langsam und dann immer schneller. Welches gelingt dir am besten?

So schätze ich mich nach Kapitel 2 ein: Ich kann …	+	○	—
… ein Interview zum Thema „Schlagfertigkeitstraining" verstehen. ▶M2, A2	☐	☐	☐
… eine Umfrage zum Thema „Erreichbarkeit" verstehen. ▶ÜB M1, Ü1	☐	☐	☐
… Aussagen von Personen mit dialektalen Färbungen verstehen. ▶M4, A1c, d	☐	☐	☐
… wichtige Informationen aus einem Artikel über Medien herausarbeiten. ▶M1, A2	☐	☐	☐
… Tipps in einem Ratgebertext zum Thema „Schlagfertigkeit" verstehen. ▶ÜB M2, Ü2a	☐	☐	☐
… einen Fachtext über das Thema „Sprachen lernen und erwerben" verstehen. ▶M3, A2a	☐	☐	☐
… einen Magazintext über Dialekte verstehen. ▶M4, A2a, c	☐	☐	☐
… über Erreichbarkeit diskutieren. ▶M1, A3	☐	☐	☐
… wichtige Informationen aus einem Artikel wiedergeben. ▶M1, A4	☐	☐	☐
… in bestimmten Situationen schlagfertig reagieren. ▶M2, A3	☐	☐	☐
… Tipps und Hinweise zum Sprachenlernen geben und mit anderen vergleichen. ▶M3, A4	☐	☐	☐
… über Dialekte und deren Stellenwert im eigenen Land berichten. ▶M4, A1a	☐	☐	☐
… über die Erhaltung von Dialekten und deren kulturellen Stellenwert diskutieren. ▶M4, A3	☐	☐	☐
… Aussagen aus einem Text zum Thema „Sprachenlernen" aufgrund meiner eigenen Erfahrungen kommentieren. ▶M3, A2b	☐	☐	☐
… eine Reaktion auf einen Text zum Thema „Dialekt" schreiben. ▶M4, A4	☐	☐	☐
… einen Beitrag zum Thema „Fremde Sprachen lernen" schreiben. ▶ÜB M4, Ü4	☐	☐	☐

Das habe ich zusätzlich zum Buch auf Deutsch gemacht (Projekte, Internet, Filme, Lesetexte, …):

Datum: Aktivität:

_____   _____

_____   _____

_____   _____

_____   _____

_____   _____

Grammatik und Wortschatz weiterüben: interaktive Online-Übungen unter www.klett-sprachen.de/aspekte-junior/online-uebungen3

Wortschatz

Modul 1 **Immer erreichbar**

sich abgrenzen von	_____	kürzlich	_____
auf Anhieb	_____	das Phänomen, -e	_____
die Banalität, -en	_____	spießig	_____
beitragen zu (trägt bei, trug	_____	sich jdm./etw. stellen	_____
bei, hat beigetragen)		unverbindlich	_____
die Bestandsaufnahme, -n	_____	sich verpflichtet fühlen	_____
sich entziehen (entzieht	_____	weit verbreitet	_____
sich, entzog sich, hat		der Zugriff, -e	_____
sich entzogen)		Zugriff haben auf	_____
erreichbar	_____	zwischendrin	_____
jederzeit	_____		

Wörter, die für mich wichtig sind:

_____   _____   _____   _____

_____   _____   _____   _____

_____   _____   _____   _____

_____   _____   _____   _____

Modul 2 **Gib Contra!**

die Attacke, -n	_____	die Überlegenheit	_____
aufgreifen (greift auf, griff	_____	übertreiben (übertreibt,	_____
auf, hat aufgegriffen)		übertrieb, hat	
die Defensive	_____	übertrieben)	
gleichgültig	_____	unverschämt	_____
kontern	_____	verwirren	_____
die Provokation, -en	_____	sich wehren	_____
jdn. schlecht dastehen	_____	jdn. zwingen (zwingt,	_____
lassen (lässt, ließ,		zwang, hat gezwungen)	
hat lassen)		zustimmen	_____
der Spott	_____		

Wörter, die für mich wichtig sind:

_____   _____   _____   _____

_____   _____   _____   _____

_____   _____   _____   _____

Modul 3   Sprachen lernen

die Abweichung, -en	_____	der Forschungsgegen-	_____
die Aneignung	_____	stand, -"e	
begrenzt	_____	der Garant, -en	_____
bemerkenswert	_____	implizit	_____
die Didaktik, -en	_____	das Repertoire, -s	_____
die Disziplin, -en	_____	das Sprachvermögen	_____
der Erwerb	_____	die Steuerung	_____
explizit	_____	vollständig	_____

Wörter, die für mich wichtig sind:

_____   _____   _____   _____

_____   _____   _____   _____

_____   _____   _____   _____

Modul 4   Sag mal was!

abschneiden (schneidet ab, schnitt ab, hat abgeschnitten)	_____	im gleichen Maße	_____
		minderbemittelt	_____
		profitieren von	_____
etw. anklingen lassen (lässt, ließ, hat lassen)	_____	das Stigma, Stigmen/ Stigmata	_____
auflösen	_____	unüberschaubar	_____
die Ausstrahlung	_____	ursprünglich	_____
betonen	_____	verblüffen	_____
das Gehör	_____	sich zurechtfinden (findet sich zurecht, fand sich zurecht, hat sich zurechtgefunden)	_____
im Grunde genommen	_____		
etw. auf sich halten (hält, hielt, hat gehalten)	_____		
herunterladen (lädt herunter, lud herunter, hat heruntergeladen)	_____		

Wörter, die für mich wichtig sind:

_____   _____   _____   _____

_____   _____   _____   _____

_____   _____   _____   _____

Schule und dann?

Diese Übungen bereiten dich auf das Kapitel vor.

1 Was passt zusammen? Ordne zu. Manchmal gibt es mehrere Möglichkeiten.

1. Geld für einen guten Zweck _____

2. Projekte _____

3. Texte für eine Webseite _____

4. Speisen und Getränke _____

5. neue Produkte _____

6. sich für den Umweltschutz _____

7. vor Publikum _____

8. bei Teamarbeit die Initiative _____

einsetzen   ergreifen
gestalten   herstellen
zubereiten   sprechen
sammeln   durchführen

2a Welche Wörter haben eine ähnliche Bedeutung? Bilde Paare.

fleißig   kreativ   zuverlässig
begabt   schnell   genau
ehrenamtlich   empathisch   geduldig
kommunikativ   aktiv   hilfsbereit

freiwillig   mitfühlend   talentiert
ausdauernd   arbeitsam   einfallsreich
pflichtbewusst   gesprächig   zügig
exakt   zuvorkommend   geschäftig

1. fleißig – arbeitsam

b Finde zu jedem Paar aus 2a ein passendes Antonym.

1. fleißig – arbeitsam: faul

c Wie sollte deiner Meinung nach der perfekte Praktikant sein? Benutze die Adjektive aus 2a.

Der perfekte Praktikant sollte immer ...

_____

_____

_____

_____

_____

_____

_____

_____

_____

_____

3a Notiere zu den Nomen den bestimmten Artikel und den Plural.

1. ____ Vorlesung _____
2. ____ Seminar _____
3. ____ Dozent _____
4. ____ Studiengang _____
5. ____ Tutorin _____
6. ____ Semester _____
7. ____ Studienjahr _____
8. ____ Studienabschluss _____

9. ____ Hörsaal _____
10. ____ Einschreibung _____
11. ____ Stipendium _____
12. ____ Studienfach _____
13. ____ Bewerbung _____
14. ____ Semestergebühr _____
15. ____ Studienberatung _____
16. ____ Pflichtveranstaltung _____

b Ergänze je ein Nomen – wo nötig mit Artikel – aus 3a. Manchmal gibt es mehrere Möglichkeiten.

1. Die Regelstudienzeit gibt den Zeitraum an, der für das Absolvieren _____ bei regulärem Studium ohne Unterbrechung vorgesehen ist.

2. Natürlich hängt die Regelstudienzeit auch vom gewählten _____ ab. Während das Bachelorstudium sechs _____ dauert, braucht man für ein Masterstudium noch einmal zwei bis vier _____.

3. Viele Studierende wollen ihr Studium über _____ finanzieren, aber das ist nicht so einfach. Neben guten Noten braucht man auch eine gute _____ um realistische Chancen zu haben.

4. Wer ein Semester aussetzen möchte oder den Studiengang wechselt, der sollte sich vorher gut darüber informieren. Ein Besuch bei _____ ist dabei hilfreich, wenn man sich neu orientieren möchte.

5. Für die einzelnen Studienfächer gibt es Einführungsveranstaltungen. Dabei lernt man die Gebäude, _____, Bibliotheken und _____ besser kennen.

4 Welcher Begriff passt nicht? Streiche ihn durch.

1. der Lehrling – der Geselle – der Doktor – der Meister
2. die Entlassung – die Demonstration – der Streik – die Arbeitsniederlegung
3. die Filiale – die Zweigstelle – die Zentrale – die Niederlassung
4. der Chef – der Kollege – der Filialleiter – der Vorgesetzte
5. die Produkte – die Waren – die Patente – die Güter
6. die Überstunde – die Frühschicht – die Gleitzeit – die Qualifikation

Schule aus – und nun?

DSD 10

1 Du hörst gleich ein Interview mit einer Expertin, die Fragen zum Freiwilligendienst beantwortet. Lies zuerst die Aufgaben 1–8. Dafür hast du zwei Minuten Zeit. Kreuz beim Hören die richtige Lösung an. Du hörst das Interview einmal.

1. Viele junge Leute leisten den Freiwilligendienst,
   - [a] damit sie sich nach der Schule nicht langweilen.
   - [b] um einen Beruf zu lernen.
   - [c] um sich zu orientieren.

2. Frau Naumann sagt, dass Freiwillige
   - [a] selbstbewusster werden.
   - [b] selbst intensiv betreut werden.
   - [c] vor allem in Pflegeberufen tätig sind.

3. Wer am Bundesfreiwilligendienst (BFD) teilnehmen möchte,
   - [a] braucht keinen speziellen Schulabschluss.
   - [b] muss sich erst qualifizieren.
   - [c] muss unter 27 Jahre alt sein.

4. Für die Teilnahme am Freiwilligendienst
   - [a] braucht man eine Ausbildung.
   - [b] muss man an Seminaren teilnehmen.
   - [c] muss man einen Kurs in Pädagogik besuchen.

5. Frau Naumann sagt, dass man als Freiwilliger
   - [a] 18 Monate tätig sein muss.
   - [b] garantiert seinen Wunschplatz bekommt.
   - [c] in allen gemeinnützigen Bereichen eingesetzt werden kann.

6. Als Freiwilliger
   - [a] bekommt man zwölf Tage Urlaub.
   - [b] erhält man einen Zuschuss für Essen und Wohnung.
   - [c] muss man sich selbst versichern.

7. Das Zeugnis am Ende des Dienstes
   - [a] ist wichtig, wenn man sich später bewerben möchte.
   - [b] kostet eine Gebühr.
   - [c] muss schriftlich beantragt werden.

8. Man darf
   - [a] das FSJ beliebig oft machen.
   - [b] den BFD nach einer bestimmten Frist wiederholen.
   - [c] jeden Dienst mehrfach leisten.

2 Forme die Sätze in einen *dass*-Satz oder Infinitivsatz um.

Die Universitäten empfehlen Erstsemestern …
1. eine gründliche Auseinandersetzung mit dem Studienfach. (dass-Satz)
2. die frühzeitige Suche nach einer passenden WG oder einer Wohnung. (Infinitiv mit *zu*)
3. die pünktliche Einschreibung beim Studierendensekretariat. (dass-Satz)
4. den regelmäßigen Besuch der Pflichtveranstaltungen. (Infinitiv mit *zu*)
5. die Teilnahme an der Einführungswoche. (dass-Satz)
6. eine schnelle Einschreibung in die Lehrveranstaltungen. (Infinitiv mit *zu*)

1. …, dass sie sich mit dem Studienfach gründlich auseinandersetzen.

3 Forme die Sätze in einen Infinitivsatz um, indem du den *dass*-Satz zuerst ins Passiv setzt.

Die Schulabgänger erwarten, dass …

1. das Auslandsjahr ihr Leben bereichert.

   Die Schulabgänger erwarten, dass ihr Leben durch das Auslandsjahr bereichert wird.

   Die Schulabgänger erwarten, durch das Auslandsjahr bereichert zu werden.

2. man sie in ihrem Ausbildungsbetrieb gut auf den beruflichen Alltag vorbereitet.

3. die Firma sie später übernimmt.

4. die Studienberatung sie gut berät.

5. man sie bei der Studienwahl gut unterstützt.

6. der Studienabschluss sie für verschiedene Jobs qualifiziert.

4 Bilde die Nominalform.

1. Für viele Schüler ist es ratsam, schon während ihrer Schulzeit an einem Praktikum teilzunehmen.
2. Viele Studienanfänger finden es hilfreich, sich in der Studienberatung zu informieren.
3. Eine Berufsberatung erleichtert es, den richtigen Beruf zu wählen.
4. Viele Firmen erwarten von den Auszubildenden, dass sie eine einwandfreie Bewerbungsmappe abgeben.
5. Es ist wichtig, beim Vorstellungsgespräch offen und ehrlich zu sein.
6. Oft ist es notwendig, möglichst früh nach einer Wohnmöglichkeit am Ausbildungsplatz zu suchen.

   1. Für viele Schüler ist die Teilnahme an einem Praktikum während ihrer Schulzeit ratsam.

Probieren geht über Studieren?

GI

1a Ergänze im folgenden Text die fehlenden Informationen. Lies dazu den Artikel auf der nächsten Seite.

> **TIPP**
>
> **Satzstruktur erkennen**
> 1. Lies in der Zusammenfassung den ersten Satz mit Lücke. Worum geht es?
> 2. Finde im Lesetext die passende Stelle dazu.
> 3. Schau dir den Satz mit der Lücke genau an. Welche Wörter stehen vor bzw. hinter der Lücke?
> 4. Überlege, welche Wortart (Nomen, Verb, Adjektiv, …) für die Lücke notwendig ist.
> 5. Schau in den Lesetext, ob du das passende Wort findest.
> 6. Manchmal musst du umformen: Verb → Nomen, Nomen → Verb, Adjektiv → Nomen, …

Nach der Uni beginnt für Studenten die Zeit der __(0)__, wozu oft die Teilnahme an Assessment Centern gehört. Der Workshop „Der Albtraum hat einen Namen: Assessment Center" trainiert Studenten unterschiedlicher Fachrichtungen, die sich auf den __(1)__ ins Berufsleben vorbereiten wollen. Die Studenten bekommen unterschiedliche Aufgaben gestellt, so müssen sie beispielsweise in der Gruppe ein Problem diskutieren und eine __(2)__ finden. Leider gibt es keine eindeutige Regel, wie man sich in einem Assessment Center am besten __(3)__, denn dabei kommt es immer auf die angestrebte __(4)__ und die damit verbundenen Anforderungen an. Als nächste Aufgabe sollen die Studenten einen Kurzvortrag im Workshop halten. Zeit zur __(5)__ bleibt nicht viel, dann geht es auch schon an die Präsentation. Doch kurz vorher wird plötzlich das Thema __(6)__ und die Teilnehmer müssen über etwas völlig anderes referieren. Durch den bei den Aufgaben erzeugten Stress wollen die Firmen erfahren, welche __(7)__ die Bewerber besitzen. Unternehmen veranstalten Assessment Center, weil sie am reinen Notendurchschnitt kein __(8)__ mehr haben, sondern mehr über den zukünftigen Mitarbeiter erfahren wollen. Und auch die __(9)__ sollten das Assessment Center eher positiv sehen, bietet es doch den __(10)__, das Unternehmen und seine Erwartungen besser kennenzulernen.

0 *Bewerbungen*

1 _____

2 _____

3 _____

4 _____

5 _____

6 _____

7 _____

8 _____

9 _____

10 _____

Der Albtraum hat einen Namen

Raus aus der Uni, rein in die Bewerbungsmühle: Unternehmen rösten interessante Kandidaten gern im Assessment Center. Wer nervenstark und erfahren genug ist, umkurvt auch Stolpersteine.

5   Darum absolvierten Freiburger Studenten ein Training für den Ernstfall Berufsstart.

    Jan Berner bietet an diesem Abend mit seinem Kollegen Thomas Woskowiak den Workshop „Der Alptraum hat einen Namen: Assessment Center" an.
10 Es ist eine Art Coaching für den Ernstfall – für den Berufseinstieg.

    Im Seminarraum sitzen angehende Biologen, Psychologen, Volkswirte – und ein Physikstudent. Er heißt Tycho Stange. Im Nebenfach studiert er BWL
15 und steht bald vor der Entscheidung: „Arbeite ich in der Wirtschaft oder bleibe ich in der Wissenschaft?"

    Im Seminar wird die Wirtschaft erst mal von der Wissenschaft überrumpelt: Berner kündigt den „Brain Teaser" an, ein beliebtes Mittel im Assess-
20 ment Center. Die Teilnehmer bekommen ein Problem und sollen es vor den Augen der Chefs in fünf Minuten gemeinsam lösen. Die Aufgabe : Wie viel Zeit hat der Weihnachtsmann an Heiligabend pro Kind?

    Das Team rauft sich schnell zusammen und schleu-
25 dert Fragen in die Runde: Kommt der Weihnachtsmann nur zu den Kindern, die an ihn glauben? Gehen wir überhaupt vom echten Weihnachtsmann aus? Was ist mit Kindern anderer Ethnien? „Ich glaube", flüstert einer in die Runde, „wir verzetteln uns gerade."

30   „Die Tücken bei einem Assessment Center sind breit gestreut", erklärt Berner. Es gebe keinen einfachen Weg, kein richtiges Verhalten – „wie man sich präsentiert, hängt stark von der Stelle ab, auf die man sich bewirbt". So solle man zum Beispiel
35 bei Gruppenarbeiten zwischen dem Moderator, dem Ideengeber oder dem Koordinator wechseln können. Oder anders: „Sich mal ins Spiel bringen und auch mal zurücknehmen."

    Zeit zum Durchatmen bleibt nicht. Physikstudent
40 Stange wird von den Trainern gleich nach der Gruppenarbeit erneut ins kalte Wasser geschubst. Er soll einen Kurzvortrag halten. Zehn Minuten hatte jeder Teilnehmer, um sich auf sein Thema vorzubereiten. Stange schrieb ein Konzept zu „Globalisierung – Se-
45 gen oder Fluch?"

    Als der Vortrag losgeht, tauscht Dozent Berner augenblicklich das geplante Thema aus und verlangt eine Präsentation zum Thema „Sollte der Liter Benzin bald fünf Euro kosten?" Und Stange stammelt
50 los, zuerst mit gequältem Lächeln, dann schnell gefasster.

    Aber der Druck hat Methode: Unternehmen überlegen sich sorgfältig, wen sie warum einstellen. Sie wollen bei jedem einzelnen Bewerber zuerst „die
55 Soft Skills rauskitzeln", sagt Berner. Für den Einserschüler interessiere sich schon lange keine Firma mehr. Spannend sei dagegen ein Bewerber, der „neben der Uni jobbt, ehrenamtlich arbeitet und über den Tellerrand schaut." Und das wollen die Personaler er-
60 leben.

    Wegen solch harscher Auswahlkriterien haftet dem Assessment Center ein negativer Beigeschmack an. Dabei hat diese Form der Bewerbung nach Auffassung von Berner auch für Job-Einsteiger einen
65 entscheidenden Vorteil: Das Unternehmen definiert seine Erwartungen, und der Bewerber erfährt seine Grenzen. So können sich beide Seiten beschnuppern, bevor sie den Arbeitsvertrag unterschreiben.

b Wie heißen die entsprechenden Nomen? Notiere sie mit Artikel.

1. erfahren: _____

2. anbieten: _____

3. lösen: _____

4. sich bewerben: _____

5. vorbereiten: _____

6. austauschen: _____

7. einstellen: _____

8. erleben: _____

9. definieren: _____

10. unterschreiben: _____

Multitasking

1 **Welche Ausdrücke haben eine ähnliche Bedeutung? Ordne zu.**

1. ____ führen zu

2. ____ versichern

3. ____ kombinieren

4. ____ unterdrücken

5. ____ vorleben

6. ____ heranführen

a verbinden

b ein Beispiel für andere geben

c etwas nicht zulassen

d erklären, dass etwas so ist, wie man gesagt hat

e anleiten

f etwas zur Folge haben

2 **Ergänze die Zusammenfassung des Artikels aus dem Kursbuch.**

Im Artikel „Funktioniert Multitasking?" geht es darum, inwie-

weit wir fähig sind, mehrere (1) _____

gleichzeitig auszuführen. Manche Aufgaben, wie zum

Beispiel Bügeln und Telefonieren, lassen sich ohne

(2) _____ miteinander

verbinden. Der Meinung von Fachleuten nach ist unser

(3) _____ aber lediglich

in der Lage, sich auf eine oder maximal zwei Aufgaben zu

(4) _____.

Die (5) _____ leidet, wenn

wir unsere Aufmerksamkeit nicht auf eine Tätigkeit fokussieren. Außerdem hat man festgestellt, dass Multi-

tasking bei Menschen (6) _____ produziert. Durch zu viel multimediales

Multitasking mangelt es Jugendlichen zudem an (7) _____ _____ und Bewegung.

Aber auch Erwachsene sind meistens mit mehreren Dingen gleichzeitig beschäftigt. Sie sollten ihren

Kindern aber (8) _____, dass es besser ist, sich auf nur eine Aufgabe zu konzentrieren.

3a **Weiterführende Nebensätze. Was passt zusammen? Ordne zu.**

1. ____ Wir schreiben in der Schule momentan
   viele Klassenarbeiten,

2. ____ Für meine beste Freundin bleibt mir
   gerade wenig Zeit,

3. ____ Gestern habe ich ein Referat vorbereitet,

4. ____ Im Klassenzimmer ist es manchmal
   ziemlich laut,

5. ____ In der Schule gibt es ein Handyverbot,

6. ____ Bald beginnen die Ferien,

a was einige Schüler einfach ignorieren.

b worauf ich mich schon total freue.

c weshalb sich niemand so richtig konzentrieren
  kann.

d worüber sie sich schon beschwert hat.

e was bis zum späten Abend gedauert hat.

f weshalb ich ständig lernen muss.

b **Weiterführende Nebensätze. Forme die Sätze um.**

1. Meine Freundin ist immer im Stress. Das kann ich nicht verstehen.
2. Sie macht immer mehrere Dinge gleichzeitig. Deshalb macht sie Dinge oft ungenau.
3. Während der Hausaufgaben schreibt sie Nachrichten auf ihrem Handy. Deswegen macht sie viele Fehler.
4. In der Schule hat sie viele schlechte Noten. Darüber ärgern sich ihre Eltern.
5. Jetzt will sie ihren Schulalltag besser organisieren. Darauf bin ich wirklich gespannt.

1. Meine Freundin ist immer im Stress, was ich nicht verstehen kann.

4 **Ergänze *was, wo(r)* + Präposition oder *weshalb/weswegen*.**

Manchmal kann ich mich schlecht konzentrieren, (1) _____ ich lange für die Hausaufgaben

oder zum Lernen brauche. Ohne Ablenkung würde ich wahrscheinlich mehr in weniger Zeit schaffen,

(2) _____ mir durchaus bewusst ist. Immer wenn ich an meinem Schreibtisch sitze, piept

mein Handy, (3) _____ mich natürlich ablenkt. Ich sollte eigentlich mein Handy während der

Hausaufgaben ausschalten, (4) _____ mir meine Eltern auch schon mehrmals gesagt haben.

Aber irgendwie habe ich immer Angst, etwas zu verpassen, (5) _____ ich mein Handy dann

anlasse. Für fast alle ist es schwer, das Handy mal wegzulegen, (6) _____ wir auch schon in

der Schule diskutiert haben. Meine Klasse will aber demnächst mal eine Handy-freie Woche ausprobieren,

(7) _____ ich schon gespannt bin. Ich bin mir nicht so sicher, ob wir das wirklich durch-

halten. Dieses Experiment wird bestimmt ganz schön schwer und einige werden sicherlich aufgeben,

(8) _____ wir auf der Schulhomepage auch berichten werden.

5 **Formuliere weiterführende Nebensätze.**

1. Gestern wurde in der Schule über Multitasking und Stress diskutiert,

   *was ich ganz interessant fand.*
   (ganz interessant finden)

2. Viele Leute denken, dass man durch Multitasking Zeit spart,

   _____
   (nicht wahr sein)

3. Das Gehirn kann nicht gleichzeitig mehrere Aufgaben bewältigen,

   _____
   (viele Studien informieren über)

4. Ohne Unterbrechungen könnte man viel effektiver arbeiten,

   _____
   (den meisten nicht bewusst sein)

5. Jetzt sollen in der Schule Ruheoasen geschaffen werden,

   _____
   (viele Schüler sich freuen auf)

Erstmal ein Praktikum

1 Ergänze die Redemittel und ordne sie in die Tabelle ein.

> Rolle Vorteil Thema Auffassung Erfahrungen befasse Dagegen wichtig überzeugt Beispiel

1. In meinem Land spielt dieses Thema (k)eine wichtige _____.

2. In meinem Vortrag _____ ich mich mit dem Thema …

3. Ich bin fest davon _____, dass …

4. Meine eigenen _____ haben mir gezeigt, …

5. Das _____ meines Vortrags lautet …

6. Bei uns in … ist es besonders _____, …

7. Ein treffendes _____ dafür ist …

8. _____ spricht natürlich …

9. Ich bin der _____, dass …

10. Ein wichtiger _____ dabei ist …

ein Thema einleiten	Beispiele / eigene Erfahrungen nennen	Bedeutung des Themas im eigenen Land nennen
2		
Argumente für/gegen etwas nennen		**die persönliche Ansicht beschreiben**

2a Jakob Müller macht in den Sommerferien zusätzlich ein vierwöchiges Praktikum. Die Firma hat ihm einen Praktikumsvertrag geschickt. Lies zuerst die Überschriften der Paragraphen. Leite aus fünf Überschriften Fragen ab, die der Paragraph behandeln könnte.

§1: Wie lange dauert der Vertrag? Welche Aufgaben hat er / der Praktikant?

b Jakob Müller hat sich auch einige Fragen notiert. Lies den Vertrag. In welchem Paragraph sind die Antworten? Notiere.

1. Wie viele Stunden muss ich pro Tag arbeiten? _1_

2. Was muss ich tun, wenn ich krank bin und nicht arbeiten kann? ____

3. Welchen Arbeitsschutz habe ich im Unternehmen? ____

4. Kann ich mir auch mal einen Tag frei nehmen? ____

5. Darf ich anderen von den Abläufen im Unternehmen erzählen? ____

6. An wen kann ich mich während des Praktikums mit Fragen wenden? ____

7. Bekomme ich das Geld gleich am Anfang des Praktikums? ____

8. Kann ich einfach aufhören, wenn mir das Praktikum nicht gefällt? ____

9. Bekomme ich eine Bescheinigung über das Praktikum? ____

Praktikantenvertrag

Zwischen dem Unternehmen *Industrie Walter GmbH*, Alte Höfe 5, München (im Folgenden: das Unternehmen) und Herrn *Jakob Müller*, Clemensweg 45, 80801 München

Herr Jakob Müller (im Folgenden: der Praktikant) ist daran interessiert, ein vierwöchiges Praktikum in unserem Unternehmen abzuleisten. Daher schließen die Vertragsparteien den nachfolgenden Vertrag:

§ 1 Vertragsgegenstand/Vertragsdauer:
Das Unternehmen wird dem Praktikanten praktische Kenntnisse und Erfahrungen vermitteln, soweit dies im Rahmen der betrieblichen Möglichkeiten liegt. Dazu stellt das Unternehmen ihm kostenlos die erforderlichen betrieblichen Arbeitsmittel zur Verfügung.
Der Praktikant wird bei dem Unternehmen für die Zeit vom 01. August bis zum 31. August in der Zentrale von Industrie Walter eingesetzt und, falls nicht betriebliche Gründe anderes ergeben, von Herrn Wölke betreut. Die tägliche Arbeitszeit beträgt 7 Std.
Der Praktikant erhält nach erfolgreicher Beendigung des Vertrages eine Praktikumsbescheinigung sowie ein Zeugnis.

§ 2 Vergütung:
Der Praktikant erhält eine monatliche, nachträglich fällig werdende Vergütung von 200 € brutto.
Eine Erstattung von Fahrtkosten erfolgt nicht.

§ 3 Urlaub:
Der Praktikant erwirbt monatlich einen Urlaubsanspruch von 2 Arbeitstagen. Diese können schriftlich auf Antrag während des Praktikums in Anspruch genommen werden.

§ 4 Dienstverhinderung/Arbeitsunfähigkeit:
Im Falle jeder Verhinderung hat der Praktikant das Unternehmen unverzüglich zu unterrichten. Bei krankheitsbedingter Verhinderung ist dem Unternehmen innerhalb von drei Tagen ab Beginn der Erkrankung eine ärztliche Arbeitsunfähigkeitsbescheinigung vorzulegen. In beiderseitigem Einvernehmen kann sich die Praktikumsdauer nach § 1 um die Krankheitstage verlängern.

§ 5 Geheimhaltung:
Der Praktikant ist verpflichtet, gegenüber Dritten über sämtliche betrieblichen Vorgänge, die der Geheimhaltung unterliegen, Stillschweigen zu bewahren und den Verhaltenskodex des Unternehmens (Dienstanweisung: Betriebs- und Geschäftsgeheimnisse) entsprechend einzuhalten. Der Praktikant hat darüber hinaus Akten, Aufzeichnungen oder sonstige Dokumente des Unternehmens, die nicht öffentlich zugänglich sind, sorgsam zu verwahren und Dritten gegenüber zu schützen.

§ 6 Sonstige Bestimmungen:
Ergänzend zu diesem Vertrag gelten die Arbeitsordnung des Unternehmens und die gesetzlichen Arbeitsschutzbestimmungen. Über beides wird der Praktikant zu Beginn des Vertragsverhältnisses entsprechend informiert.

§ 7 Beendigung des Praktikumsverhältnisses:
Dieser Vertrag endet nach Ablauf der in § 1 oder nach § 4 veränderten Frist. Während der ersten Woche können beide Parteien ohne Angabe von Gründen den Vertrag mit sofortiger Wirkung kündigen. Ab der zweiten Woche bedarf es einer Kündigung in Schriftform.

§ 8 Schlussvorschriften:
Änderungen und Ergänzungen dieses Vertrages bedürfen grundsätzlich der Schriftform.

§ 9 Besondere Vereinbarungen:
Das Zustandekommen dieses Vertrages ist abhängig von einer ärztlichen Unbedenklichkeitsbescheinigung.

c **Vertragssprache. Was bedeuten die Begriffe? Kreuz an.**

1. „im Rahmen der betrieblichen Möglichkeiten" (§ 1)

  [a] Soweit es der Firma möglich ist.

  [b] Der Betrieb ermöglicht viele Angebote.

2. „krankheitsbedingte Verhinderung" (§ 4)

  [a] Wenn jemand wegen chronischen Einschränkungen nicht arbeiten kann.

  [b] Wenn jemand bei Krankheit nicht zur Arbeit erscheint.

3. „in beiderseitigem Einvernehmen" (§ 4)

  [a] Beide Vertragspartner sind einverstanden.

  [b] Die Vertragspartner müssen sich erst noch einigen.

4. „gesetzliche Arbeitsschutzbestimmungen" (§ 6)

  [a] Die juristischen Regelungen, die vor gesundheitlicher Gefährdung und zu starker Belastung am Arbeitsplatz schützen.

  [b] Die Gesetze, die den Erhalt des Arbeitsplatzes sichern.

3 **Fasse die wesentlichen Inhalte des Vertrages mithilfe der Fragen von Jakob schriftlich zusammen.**

TIPP

Fragengeleitetes Lesen

Sammle vor dem Lesen von komplexen Texten (Verträge, Anleitungen, Fachartikel …) zuerst Fragen, auf die du eine Antwort aus dem Text erhalten möchtest. Lies dann den Text vor allem in Hinsicht auf deine Fragen und notiere die Antworten.

Aussprache: Kleine Wörter, große Wirkung – Varianten von *ah*, *so*, *ja* und *oh*

🔊 11

1 **Hör die Minidialoge. Welche Bedeutungsunterschiede hast du gehört? Ordne zu:** *Resignation, Freude, Verstehen, Überraschung.*

1. _____   2. _____   3. _____   4. _____

○ Marina macht jetzt ein Praktikum.	○ Marina macht jetzt ein Praktikum.	○ Marina macht jetzt ein Praktikum.	○ Marina macht jetzt ein Praktikum.
● Aha! Wo macht sie das denn?	● Ah! Wo macht sie das denn?	● Soso. Jetzt verstehe ich, warum sie nie Zeit hat.	● Ach so! Jetzt verstehe ich, warum sie nie Zeit hat.

🔊 12

2a **Hör Varianten zu** *Ah*, *Jaja* **und** *Oh*. **Welche Aussagen oder Gefühle verstärken sie? Kreuz an.**

1. Ah	A □ Schmerz	□ Ärger	B □ Freude	□ Wohlbefinden
2. Jaja	A □ Zustimmung	□ Überraschung	B □ Langeweile	□ Wut
3. Oh	A □ Ärger	□ Verwirrung	B □ Überraschung	□ Verwirrung

🔊 13

b **Hör die Varianten aus 2a noch einmal und sprich sie in den Pausen nach.**

So schätze ich mich nach Kapitel 3 ein: Ich kann …	✦	○	—
🔊 … Informationen in einem Interview zum Thema „Freiwilligendienste" verstehen. ▶ÜB M1, Ü1	☐	☐	☐
… Informationen, Anweisungen und Richtlinien bei einem Studienberatungsgespräch verstehen und Stichworte dazu notieren. ▶M2, A3	☐	☐	☐
… wichtige Informationen zum Thema „Praktikum" notieren. ▶M4, A2a	☐	☐	☐
… Aussagen zum Thema „Praktikum" zuordnen. ▶M4, A2b	☐	☐	☐
📖 … einem Flyer Vor- und Nachteile für die Zeit nach dem Abitur entnehmen. ▶M1, A1	☐	☐	☐
… einem Text Argumente zum Thema „Schule oder Ausbildung" entnehmen. ▶M2, A2	☐	☐	☐
… die wichtigsten Informationen in einem Text über ein Assessment Center verstehen. ▶ÜB M2, Ü1	☐	☐	☐
… einen Text zum Thema „Multitasking" verstehen und zusammenfassen. ▶M3, A2b, c	☐	☐	☐
… die Hauptinformationen in einem Praktikantenvertrag verstehen. ▶ÜB M4, Ü2	☐	☐	☐
💬 … Wünsche für die Zeit nach der Schule klar formulieren. ▶M1, A2b	☐	☐	☐
… über Vor- und Nachteile von Studium und Berufsausbildung sprechen. ▶M2, A1	☐	☐	☐
… über eigene Erfahrungen zum Thema „Praktikum" sprechen. ▶M4, A2d, e	☐	☐	☐
… einen kurzen Vortrag zum Thema „Praktikum" oder „Praktikum im Ausland" halten. ▶M4, A3	☐	☐	☐
✏️ … wesentliche Inhalte eines Vertrages zusammenfassen. ▶ÜB M4, Ü2	☐	☐	☐
… meinen Lebenslauf schreiben. ▶M4, A4a	☐	☐	☐
… ein Bewerbungsschreiben für ein Praktikum entwerfen. ▶M4, Ü4d	☐	☐	☐

Das habe ich zusätzlich zum Buch auf Deutsch gemacht (Projekte, Internet, Filme, Lesetexte, …):

Datum:	Aktivität:
_____	_____
_____	_____
_____	_____
_____	_____
_____	_____

Grammatik und Wortschatz weiterüben: interaktive Online-Übungen unter www.klett-sprachen.de/ aspekte-junior/online-uebungen3

Wortschatz

Modul 1 Schule aus – und nun?

die Agentur, -en	_____	das Grundlagenstudium	_____
das Auslandspraktikum,	_____	konfrontieren mit	_____
-praktika		locken	_____
dauerhaft	_____	die Orientierungsphase, -n	_____
der Dienst, -e	_____	das Pflegeheim, -e	_____
die Eignung	_____	es satt haben	_____
die Fachrichtung, -en	_____	der/die Schulabgänger/in,	_____
fächerübergreifend	_____	-/-n	
eingeschrieben sein	_____	die Schwäche, -n	_____
der Gelegenheitsjob, -s	_____	die Stärke, -n	_____
gemeinnützig	_____	der Werdegang	_____

Wörter, die für mich wichtig sind:

_____   _____   _____   _____

_____   _____   _____   _____

_____   _____   _____   _____

_____   _____   _____   _____

Modul 2 Probieren geht über Studieren?

der Arbeitsablauf, -"e	_____	der Titel, -	_____
die Aufstiegschance, -n	_____	der/die Uniabsolvent/in,	_____
berufsbegleitend	_____	-en/-nen	
die Doppelbelastung	_____	voraussetzen	_____
die Promotion, -en	_____	die Zulassungs-	_____
der Stellenwert	_____	voraussetzung, -en	
das Studentenleben	_____		

Wörter, die für mich wichtig sind:

_____   _____   _____   _____

_____   _____   _____   _____

_____   _____   _____   _____

_____   _____   _____   _____

Modul 3   **Multitasking**

ablenken	_____
ausführen	_____
sich positiv/negativ	_____
auswirken	
betreiben (betreibt,	_____
betrieb, hat betrieben)	
erheblich	_____
erledigen	_____
ernüchternd	_____
heranführen an	_____
isoliert	_____

freien Lauf lassen (lässt,	_____
ließ, hat gelassen)	
die Aufmerksamkeit	_____
lenken auf	
pausenlos	_____
schmälern	_____
simultan	_____
unterdrücken	_____
versichern	_____
vorleben	_____
zwangsläufig	_____

Wörter, die für mich wichtig sind:

_____   _____   _____   _____

_____   _____   _____   _____

_____   _____   _____   _____

Modul 4   **Erstmal ein Praktikum**

ein Praktikum absolvieren	_____
die Anforderung, -en	_____
die Anpassungsfähigkeit	_____
ausnutzen	_____
sich ausgenutzt fühlen	_____
die Begabung, -en	_____
die Bemühung, -en	_____

das Durchhaltevermögen	_____
die Lehrstelle, -n	_____
reinschnuppern in	_____
übereinstimmen	_____
ein Schreiben verfassen	_____
die Zeitverschwendung	_____

Wörter, die für mich wichtig sind:

_____   _____   _____   _____

_____   _____   _____   _____

_____   _____   _____   _____

Wirtschaftsgipfel

Diese Übungen bereiten dich auf das Kapitel vor.

1 Welche Wörter fallen dir zum Thema „Wirtschaft" ein? Welche möchtest du wissen? Benutze ein Wörterbuch und notiere möglichst viele Wörter.

die Banken

2 Was passt zusammen? Ordne zu.

1. ____ Geld und andere Werte, die z. B. eine Firma besitzt.

2. ____ Ort, an dem Aktien gehandelt werden.

3. ____ Jemand, der Wertpapiere eines Unternehmens besitzt, das an der Börse geführt wird.

4. ____ Er zeigt die steigenden und fallenden Werte von Aktien an.

5. ____ Das Geld einer Firma, v. a. die Einnahmen und Ausgaben.

a die Börse

b der Aktienkurs

c die Finanzen

d das Kapital

e der Aktionär

3 Ergänze die beiden Dialoge.

Geschäftsmodell	Wechselkurs	Kredit	Umsatz	Währung

○ Hab ich dir schon erzählt, dass ich mit meinen Eltern nach Brasilien fliege? Du warst doch letztes Jahr da und hast einen Schüleraustausch gemacht. Was haben die eigentlich für eine (1) _____?

● Reais.

○ Wie viel Reais bekommt man ungefähr für einen Euro?

● Keine Ahnung, sowas ändert sich doch täglich. Sieh doch einfach den aktuellen

(2) _____ im Internet nach.

○ Hast du schon den neuen Laden bei uns in der Straße gesehen?

● Meinst du den mit den Klamotten und Kuchen?

○ Ja genau, die Idee ist ja gut, aber ich weiß nicht, ob die damit genug (3) _____

machen können …

● Das weiß ich auch nicht. Aber meine Mutter kennt die Besitzerin. Sie sagt, sie ist ganz überzeugt von

ihrem (4) _____.

○ Ich weiß nicht, die Kuchen sehen nicht so lecker aus und die Klamotten sind echt nichts für mich.

Das gefällt eher meiner Oma …

● Da hast du recht. Ich bin gespannt. Der Laden hat sicher viel Geld gekostet und die Besitzerin musste

bestimmt einen hohen (5) _____ bei der Bank aufnehmen. Ob das gut geht …

4 Ordne die Synonyme zu.

1. ____ die Ökonomie

2. ____ die Inflation

3. ____ die Stagnation

4. ____ die Aktie

5. ____ die Kapazität

6. ____ die Bonität

7. ____ die Devisen (Pl.)

a das Wertpapier

b die Kreditwürdigkeit

c Zahlungsmittel in ausländischer Währung

d der Wertverlust

e die Leistungsfähigkeit

f die Wirtschaft

g der Stillstand

Vom Kohlenpott …

1 Bilde zusammengesetzte Nomen und notiere sie mit Artikel. Kontrolliere mit dem Wörterbuch.

~~Kaufmann~~	Auto	Führung	Anlage	Konsumgüter	Beratung
Kauffrau	Abgase	-UNTERNEHMEN(S)-	Zweig	-INDUSTRIE-	Stahl Stadt
Metall	Leitung	Gründung	Wirtschaft(s)	Arbeiter	Ziele

der Industriekaufmann, …

2 Vergangenheit. Ergänze die Verben in der angegebenen Zeitform.

Die Entdeckung der Kohle

Zu einer Zeit, als die Menschen nur (1) _____,
dass man mit Holz Feuer und Wärme erzeugen kann,
(2) _____ ein Hirtenjunge an einem kühlen
Herbsttag seine Schafe dort, wo die Berge an die Ufer der Ruhr stoßen. Als er
hungrig (3) _____, (4) _____ er ein paar Fische
und entzündete ein kleines Holzfeuerchen, um sie zu braten und um ein wenig
Wärme für die Nacht zu haben. Am nächsten Morgen (5) _____
das Feuer nicht mehr. Als der Hirtenjunge in die Asche greifen wollte,
(6) _____ er, denn er (7) _____ sofort
_____, dass die Steine, auf denen er am vergangenen Abend
das Feuer entzündet hatte, heiß und rotglühend (8) _____
_____. Der Junge (9) _____ so etwas niemals
zuvor _____ und (10) _____ verstört nach
Hause zu seinen Eltern, denen er von seinem Abenteuer (11) _____.
Auch Vater und Mutter konnten sich den Spuk nicht erklären und
(12) _____, dass es sich um ein Werk des Teufels handeln müsse.
Sie (13) _____ ihrem Sohn, jemals von seinem Erlebnis zu
sprechen. Fortan weidete dieser seine Schafe woanders, doch diese unheimliche
Begebenheit (14) _____ er niemals _____.

wissen (Prät.)

hüten (Prät.)

werden, fangen (Prät.)

brennen (Prät.)

erschrecken (Prät.)
bemerken (Plusq.)
werden (Plusq.)
sehen (Plusq.)
laufen (Prät.)
erzählen (Prät.)

glauben (Prät.)
verbieten (Prät.)

vergessen können
(Prät.)

3 Bilde Nomen und Verben. Notiere die Nomen mit Artikel.

1. sich entwickeln _____

2. entstehen _____

3. aufbauen _____

4. errichten _____

5. sich entfalten _____

6. der Wiederaufbau _____

7. der Beginn _____

8. das Ende _____

9. die Bildung _____

10. die Fortsetzung _____

4 Ergänze einen passenden Konnektor. Manchmal gibt es mehrere Möglichkeiten.

als	bevor	bis	nachdem	seitdem	während

Das Rhein-Main-Gebiet – Strukturwandel einer Wirtschaftsregion

Das Rhein-Main-Gebiet gehört heute zu den wichtigsten Wirtschaftsgebieten in Deutschland. Die Entwicklung als Industriegebiet begann im 19. Jahrhundert zu einer Zeit, (1) _____ viele technische Erfindun-

5 gen entwickelt wurden, z. B. der Benzinmotor.

(2) _____ die ersten Maschinen in den Betrieben aufgebaut worden waren, stieg die Produktion rasch an. Dabei spielte die zentrale und verkehrsgünstige Lage des Rhein-Main-Gebietes innerhalb

10 von Deutschland und Europa eine entscheidende Rolle.

(3) _____ sich der Maschinenbau sehr schnell entwickelte, erlebte auch der Kraftfahrzeugbau einen enormen Aufschwung. (4) _____ die-

se Branchen den wirtschaftlichen Aufschwung förderten, floss gleichzeitig immer mehr Kapital in die

15 Entwicklung neuer Branchen: in die Elektrotechnik, in das Baugewerbe und in die chemische Industrie.

(5) _____ in den 80er-Jahren des 20. Jahrhunderts die industrielle Produktion aufgrund einer

starken internationalen Konkurrenz eingebrochen war, kam es in vielen Bereichen zu einer Wirtschaftskrise.

(6) _____ die Krise ausbrach, verlegten einige große Firmen ihre Hauptsitze vom Rhein-Main-

Gebiet weg. (7) _____ ein tiefer Strukturwandel das Rhein-Main-Gebiet erfasste, der sich vor

20 allem in der zunehmenden Bedeutung von Dienstleistungen zeigte, stieg die Zahl der Arbeitslosen rasch an.

(8) _____ sich der Dienstleistungssektor entwickelte, wurde das Rhein-Main-Gebiet zu einem

wichtigen Zentrum des internationalen Handels- und Bankensektors mit Frankfurt am Main als Hauptsitz.

5   **Verbinde die Sätze, indem du sie verbalisierst oder nominalisierst.**

1. Der technische Fortschritt entwickelte sich im 19. Jahrhundert rasant. <u>Danach</u> konnten die Betriebe ihre Produktion steigern.
2. Neue Maschinen erleichterten die Arbeit. <u>Vorher</u> mussten die Arbeiter vieles mühevoll mit der Hand machen.
3. Immer neuere Maschinen wurden konstruiert. <u>Dabei</u> entwickelten sich auch neue Wirtschaftszweige.
4. Die Produktion stieg immer stärker an und die Konkurrenz nahm zu. <u>Danach</u> wurden die Produkte immer billiger.
5. Große Firmen wanderten ab. <u>Danach</u> stiegen die Arbeitslosenzahlen schnell.
6. Der Dienstleistungssektor nahm zu. <u>Seitdem</u> sanken die Arbeitslosenzahlen wieder.

1. *<u>Nachdem</u> der technische Fortschritt sich im 19. Jahrhundert rasant entwickelt hatte, konnten die Betriebe ihre Produktion steigern. / <u>Nach</u> der rasanten Entwicklung des technischen Fortschritts im 19. Jahrhundert konnten die Betriebe ihre Produktion steigern.*

6a   **Ergänze die Tabelle.**

Nominalform	Verbalform
1. *Nach dem Ende / der Beendigung seiner Ausbildung …*	Nachdem er die Ausbildung beendet hatte, …
2. Vor dem Essen …	
3.	Als er versuchte, …
4. Bis zur Ankunft des Zuges …	
5.	Bevor es regnete, …
6. Während ihrer Arbeit …	
7.	Bevor er das Praktikum begann, …
8. Bei seinem Eintritt in die Firma …	
9.	Nachdem sie das Studium abgeschlossen hatte, …
10. Bis zum Erreichen ihres Rentenalters …	
11.	Seitdem er aus dem Krankenhaus entlassen ist, …

b   **Wähle je drei Satzanfänge aus 6a und schreib Sätze.**

1   **Ordne die Erklärungen a–e den Redensarten 1–5 zu.**

1. _____ Gewissensbisse haben

2. _____ jdm. ins Gewissen reden

3. _____ sein Gewissen erleichtern

4. _____ nach bestem Wissen und Gewissen

5. _____ ein reines Gewissen haben

a sich keiner Schuld bewusst sein
b jdn. ermahnen, um eine Änderung seines Verhaltens zu bewirken
c gestehen, etwas falsch gemacht zu haben
d unter Einbeziehung aller Informationen und in der Überzeugung, richtig zu handeln
e das quälende Gefühl, etwas Unrechtes getan zu haben

2a **Lies die beiden Situationen. Überlege, ob in den Beispielen ein schlechtes Gewissen gerechtfertigt ist oder nicht. Notiere deine Begründung.**

> **1. Deine Freundin möchte nicht allein zu einem Treffen des Sportvereins gehen, und will, dass du mitgehst. Du hast aber keine Lust dazu. Weil du nicht mitgehst, geht sie auch nicht hin und sagt, du seist schuld daran.**

> **2. Die Mutter ist enttäuscht, dass ihr Sohn mittags den Tisch nicht abgeräumt hat. Sie kommt spät von der Arbeit nach Hause und muss noch das Abendessen vorbereiten. Sie sagt, er solle auch mal was machen.**

1. Meiner Meinung nach ist in Situation 1 …

b **Notiere ein weiteres Beispiel dafür, dass einem manchmal nur ein schlechtes Gewissen eingeredet wird, damit man das macht, was andere wollen.**

c **Lies das Sprichwort, das eine gute Regel für das eigene Gewissen sein könnte. Was ist damit gemeint? Wie sollte man dich auf keinen Fall behandeln? Schreib zwei Beispiele auf, die für dich gelten.**

> *Was du nicht willst, das man dir tu', das füg' auch keinem anderen zu.*

3a **Arbeitet zu zweit. Seht die Bilder an. Jede/r wählt eine Situation und schreibt eine E-Mail an den Experten / an die Expertin.**

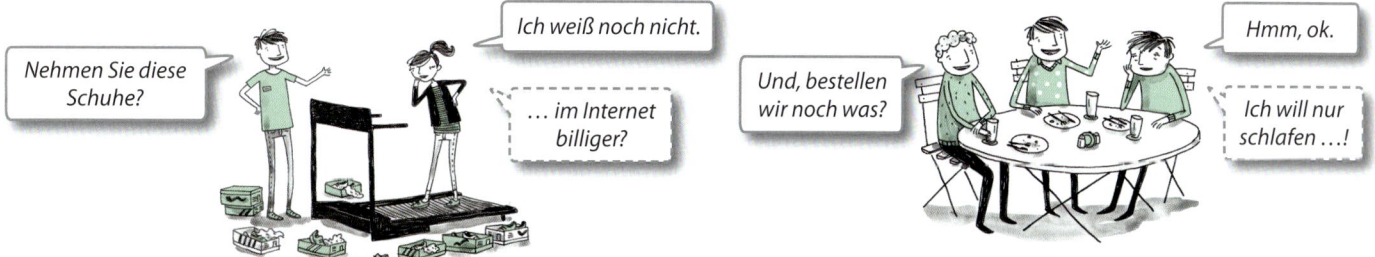

Nehmen Sie diese Schuhe?

Ich weiß noch nicht.

… im Internet billiger?

Und, bestellen wir noch was?

Hmm, ok.

Ich will nur schlafen …!

b **Antworte auf die Gewissenfrage deines Partners / deiner Partnerin.**

Die Welt ist ein Dorf

1 **Auswirkungen der Globalisierung. Ergänze jeweils das passende Verb. Es gibt manchmal mehrere Möglichkeiten.**

profitieren   ausbauen   vergrößern   ~~austauschen~~   beeinflussen   verlegen   aussuchen   abbauen

1. Informationen innerhalb von Sekunden _austauschen_
2. Arbeitsplätze _____
3. den Gewinn _____
4. seine Macht _____
5. seine Produktion ins Ausland _____
6. von billigen Arbeitskräften _____
7. sich die beste Qualität _____
8. die Preise für die Waren _____

2 **Pro oder contra Globalisierung? Was sagen die Gegner, was sagen die Befürworter von Globalisierung?**

	pro	contra
1. Die Firmen kommen in den Ländern, in denen sie produzieren, schon aus eigenem Interesse ihrer sozialen Verantwortung nach.	☐	☐
2. Weil Unternehmen Profit machen müssen, beuten sie die Menschen aus und verstoßen gegen Menschenrechte.	☐	☐
3. Auf Kosten des Umweltschutzes versuchen Konzerne, in manchen Ländern ein Vermögen zu machen.	☐	☐
4. Wenn große Unternehmen in den billigeren Ländern produzieren, geben sie der Wirtschaft vor Ort wichtige Impulse.	☐	☐
5. Durch den Import neuer Technologien, die für die Produktion benötigt werden, steigt die Wettbewerbsfähigkeit der produzierenden Länder.	☐	☐
6. Dank der Globalisierung können Firmen Verträge viel schneller abschließen.	☐	☐

3 **Ergänze die Sätze in der Verbalform.**

~~durch den reibungslosen weltweiten Nachrichtenaustausch~~   durch das Sinken der Transportkosten
durch die Nutzung von Skype, E-Mails und Videokonferenzen   durch die Missachtung von sozialen Standards
durch die Verlagerung der Produktion großer Firmen ins Ausland

1. Globalisierung wird _dadurch_ ermöglicht, _dass Nachrichten reibungslos weltweit ausgetauscht_ _werden können._

2. Die weltweite Kommunikation verbessert sich enorm, _____ _____. (indem)

3. Die Zahl der Arbeitslosen im Inland kann _____ steigen, _____ _____. (dadurch dass)

4. Manche Firmen verstoßen im Ausland gegen Menschenrechte, _____ _____. (indem)

5. _____, _____ _____, werden die Produkte billiger. (dadurch, dass)

4 Welche Gefahren sehen Globalisierungsgegner? Bilde die Nominalform mit der Präposition *durch*.

1. Firmen wandern in andere Länder ab. → Arbeitsplätze im Inland fallen weg.
2. Investoren aus dem Ausland kaufen Firmen. → Arbeitsplätze werden häufig abgebaut.
3. Firmen im Inland schließen. → Die Arbeitslosigkeit steigt in den nächsten Jahren weiter.
4. Die Arbeitslosigkeit nimmt in den nächsten Jahren zu. → Die Sozialausgaben des Staates erhöhen sich enorm.
5. Die Sozialausgaben des Staates erhöhen sich enorm. → Die Steuern steigen.
6. Die Steuern steigen. → Die Leute werden unzufriedener.

1. Durch die Abwanderung der Firmen in andere Länder fallen Arbeitsplätze im Inland weg.

5 Vorteile und Nachteile der Globalisierung. Bilde die Nominal- oder Verbalform.

Für mich ist Globalisierung ein Vorteil …	Für mich ist Globalisierung ein Nachteil …

1. … wegen der unbegrenzten Reisemöglichkeiten.

   … weil man unbegrenzt reisen kann.

2. … weil man weltweit mit Freunden Kontakt aufnehmen kann.

   _____

   _____

3. … wegen der unbegrenzten Einkaufsmöglich-keiten.

   _____

   _____

4. … weil die Umwelt verschmutzt wird.

   _____

5. … wegen der Abwanderung vieler Firmen in Billiglohnländer.

   _____

   _____

6. … weil grundlegende Arbeitsrechte missachtet werden.

   _____

   _____

6 Bilde Kausalsätze. Unterstreiche zuerst das Partizip.

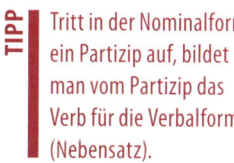

TIPP Tritt in der Nominalform ein Partizip auf, bildet man vom Partizip das Verb für die Verbalform (Nebensatz).

1. Viele Firmen werden wegen der ihnen <u>fehlenden</u> sozialen Verantwortung kritisiert.
2. Kleinere Firmen gehen oft wegen ständig fallender Preise pleite.
3. Wegen steigender Produktionskosten geraten manche Firmen in Schwierigkeiten.
4. Wegen der immer größer werdenden Konkurrenz versuchen die Firmen immer billiger zu produzieren.
5. Wegen der schnell alternden Gesellschaft fehlen Arbeitskräfte.

1. Viele Firmen werden kritisiert, weil ihnen die soziale Verantwortung <u>fehlt</u>.

Wer soll das bezahlen?

1 Rund ums Geld. Ergänze die passenden Ausdrücke in der richtigen Form.

> auf Geld aus sein   sich in Unkosten stürzen
>
> Geld auftreiben   in Geld schwimmen
>
> das Geld zum Fenster rausschmeißen

○ Toni ist total pleite. Er muss dringend (1) _____: Sein Handy und sein Mofa

sind kaputt.

● Echt? Ich dachte, er (2) _____. Er hat doch immer die neuesten und

teuersten Klamotten an.

○ Na ja, er hatte einen guten Ferienjob. Aber jetzt ist alles weg. Er hat in kurzer Zeit (3) _____

_____. Wie du sagst: Er hat ständig die teuersten Sachen

gekauft und sich für jeden Blödsinn (4) _____.

● Na, hoffentlich lernt er draus.

○ Mal sehen. Seine Freunde sind ja auch alle nur (5) _____, um teure

Dinge zu kaufen. Da wird er nicht lange mithalten können.

2 Welche Umschreibung passt nicht? Streiche durch.

1. eine **alternative** Fremdfinanzierung
2. Projekte konnten **umgesetzt** werden
3. Beträge für ein Projekt **spenden**
4. eine Summe **erreichen**
5. Gelder **zweckgebunden** ausgeben
6. eine **zeitlich begrenzte** Aktion

neue – andere – auch mögliche
realisiert – ersetzt – verwirklicht
einnehmen – ausgeben – zahlen
einnehmen – erhalten – erheben
für eine bestimmte Sache – praktisch – wie angekündigt
endlose – terminierte – temporäre

3 Ordne den Ausdrücken die passende Beschreibung zu.

1. ____ gedankenversunken sein
2. ____ ein Lächeln im Gesicht haben
3. ____ einer Sache freien Lauf lassen
4. ____ einen lang gehegten Traum wahrmachen

a etw. verwirklichen, wovon man seit Langem träumt
b einen Ausdruck von Freude zeigen
c nachdenklich/verträumt sein
d etw. geschehen lassen

4a Hör die Aussagen der Band „Stilbruch" – worüber sprechen sie? Welche drei Themen werden angesprochen?

14

1. _____
2. _____
3. _____

b Hör noch einmal und schreib je 1-2 Sätze zu den folgenden Themen.

1. Beginn der Band _____

2. Der Schlagzeugspieler _____

3. Der Cellospieler _____

4. Der Geigenspieler _____

5. Musik auf der Straße _____

_____

6. Die Menschen auf der Straße _____

_____

5 **Samira Sanchez aus Mühlheim hat ein Musikalbum veröffentlicht. Aus diesem Grund schreibt Samira heute zwei Nachrichten: eine E-Mail an ihre Freundin Alice und einen Brief an den Trainer des Seminars zum Thema „Ideen realisieren und finanzieren", das sie vor vier Monaten besucht hat.**

Notiere für die Aufgaben 1–10 die Lösungen für die Lücken. Verwende dazu eventuell die Informationen aus der ersten E-Mail. In jede Lücke passen ein oder zwei Wörter.

Liebe Alice,

wie läuft's bei dir? Stell dir vor, ich habe mein erstes Album rausgebracht! Du weißt ja, dass ich schon immer davon geträumt habe.

Vor gut vier Monaten habe ich ein Seminar mit dem Thema „Ideen realisieren und finanzieren" besucht und das war klasse. Unser Trainer hat uns erklärt, wie man über Crowdfunding seine Ideen verwirklichen kann. Nach dem Seminar habe ich gleich angefangen, alles für mein Projekt zusammenzustellen: Ich habe mein Musik-Projekt genau beschrieben und einen kleinen Film aufgenommen mit Interviews von meinen Fans und Musikerkollegen (das war der beste Tipp des Trainers). Die Leute sollten ja wissen, warum es sich lohnt, in mein Album zu investieren. Und dann hat mein Projekt wirklich schon nach wenigen Wochen auf der Plattform genug Finanzierer gefunden und ich konnte mit meiner Band für die Aufnahmen ins Tonstudio gehen.

Und jetzt ist es also da, mein erstes Album, du kannst es hier runterladen, Passwort: Samiras_1ste

Ich hoffe, es gefällt dir!

Liebe Grüße
Samira

Sehr **(0)** Herr Weidenreich,

ich **(1)** Ihnen heute, da ich Ihnen nochmals herzlich danken möchte. Vor gut vier Monaten hatte ich Ihr Seminar besucht und jetzt freue ich mich, Ihnen mein erstes **(2)** vorstellen zu können. Ihr Seminar hat mich so **(3)**, dass ich sofort mit der Umsetzung meines Traumes angefangen habe. Ich habe gleich danach eine **(4)** meines Projektes erstellt. Besonders froh war ich über Ihren Tipp mit dem **(5)**. Meine Crowdfunding-Aktion war sehr **(6)**: Ich hatte schnell das nötige **(7)** zusammen. Und dann konnten meine Band und ich das Album **(8)**. Ohne Ihr hervorragendes Training **(9)** das sicherlich anders verlaufen.

Ich danke Ihnen nochmals recht herzlich und verbleibe mit den besten **(10)**

Ihre
Samira Sanchez

---

0. geehrter

Wer soll das bezahlen?

6 **Unterstreiche das passende Wort.**

Mein Onkel möchte schon seit einiger Zeit (1) *eine Finanzierung / seine Selbständig-keit / ein Café* eröffnen, aber das ist nicht so einfach. Letzte Woche war er bei einer (2) *Beraterin/Auftraggeberin/Firmenchefin* und hat ihr seine (3) *Berufserfahrung/ Geschäftsidee/Ausbildung* vorgestellt. Er hat ihr die (4) *Wirkung/Kriterien/Idee* genau beschrieben, um ihr zu zeigen, wie er sich von der (5) *Konkurrenz/Analyse/Nachfrage* abgrenzen will. Sie fand sehr gut, dass er die (6) *Geschäfte/Arbeit/Marktsituation* genau untersucht hatte und sie sagte auch, seine (7) *Meinung/Caféidee/Kredit-vorstellung* sei recht Erfolg versprechend.

Aussprache: Links- und Rechtsherausstellung

15

1a **Beim Sprechen können manche Informationen eine besondere Position im Satz bekommen. Hört die Beispiele A bis C. Wozu werden die Informationen ganz nach links oder rechts gestellt? Sprecht zu zweit.**

	Normale Position	Links	Rechts
A	Ich spreche nur mit dem Vertrauenslehrer.	*Mit dem Vertrauenslehrer*, ich spreche nur mit *ihm*.	Ich spreche nur mit *ihm*, dem *Vertrauenslehrer*.
B	Das Schulfest hat uns gut gefallen.	*Das Schulfest*, *das* hat uns gut gefallen.	*Das* hat uns gut gefallen, *das Schulfest*.
C	Der Schülersprecher könnte um 11 Uhr da sein.	*Um 11 Uhr*, *dann* könnte der Schülersprecher da sein.	Der Schülersprecher könnte *dann* da sein, *um 11 Uhr*.

b **Links oder rechts? Ordne die Funktionen zu.**

1. Etwas wird noch einmal präzise genannt. _____

2. Etwas soll besonders betont werden. _____

3. Missverständnisse sollen vermieden werden. _____

4. Der Hörer soll gleich wissen, was das Thema ist. _____

c **Hör noch einmal und sprich mit.**

2a **Wähle zwei Sätze aus und stell eine Information nach ganz links und nach rechts. Sprich die Aussagen dann laut.**

1. Mir gefällt die Idee zum Projekttag sehr gut.
2. Wir möchten um 17 Uhr zurück sein.
3. Jeder Schüler muss einen Beitrag leisten.
4. Die Finanzierung ist seit gestern gesichert.

> *Die Idee zum Projekttag, die gefällt …*

b **Arbeitet zu zweit und schreibt Mini-Dialoge zu den Sätzen aus 2a. Spielt die Dialoge in Gruppen vor.**

So schätze ich mich nach Kapitel 4 ein: Ich kann …	+	○	–
… einen Vortrag über die Entwicklung des Ruhrgebiets verstehen, in dem Zusammenhänge erläutert werden. ▶M1, A2	☐	☐	☐
… ein Gespräch über eine gelungene Crowdfunding-Aktion und über Gründe für das Scheitern einer anderen Aktion verstehen. ▶M4, A4a, b	☐	☐	☐
… Aussagen aus einem Bandinterview verstehen. ▶ÜB M4, Ü4	☐	☐	☐
… Antworten auf Gewissensfragen verstehen, in denen Zusammenhänge, Meinungen und Standpunkte erörtert werden. ▶M2, A2	☐	☐	☐
… Argumente in Blogeinträgen zum Thema „Globalisierung" verstehen. ▶M3, A2	☐	☐	☐
… einen Text über Crowdfunding zusammenfassen. ▶M4, A2b	☐	☐	☐
… eine Projektbeschreibung auf einer Crowdfunding-Plattform verstehen und Fragen dazu beantworten. ▶M4, A3	☐	☐	☐
… eine (Industrie-)Region aus dem eigenen Land präsentieren. ▶M1, A4	☐	☐	☐
… den Begriff „Globalisierung" definieren und Konsequenzen benennen. ▶M3, A1c	☐	☐	☐
… das Prinzip von Crowdfunding detailliert erklären. ▶M4, A2c	☐	☐	☐
… meine Meinung zu verschiedenen Geschäftsideen äußern und eigene Ideen einbringen. ▶M4, A4d	☐	☐	☐
… während eines Vortrags über den Strukturwandel einer Region so detaillierte Notizen machen, dass diese auch für andere nützlich sind. ▶M1, A2c–e	☐	☐	☐
… meine Meinung zu einer Gewissensfrage darstellen, dabei die Hauptgedanken hervorheben und meine Argumentation durch Beispiele verdeutlichen. ▶M2, A3	☐	☐	☐
… eine Projektbeschreibung für eine Crowdfunding-Aktion erstellen. ▶M4, A5	☐	☐	☐

Das habe ich zusätzlich zum Buch auf Deutsch gemacht (Projekte, Internet, Filme, Lesetexte, …):

Datum: _____ Aktivität: _____

Grammatik und Wortschatz weiterüben: interaktive Online-Übungen unter www.klett-sprachen.de/aspekte-junior/online-uebungen3

Wortschatz

Modul 1 Vom Kohlenpott …

der Absatzmarkt, -"e	_____	die Quelle, -n	_____
der Abschwung	_____	der Standort, -e	_____
der Aufschwung	_____	die Verkehrsanbindung,	_____
die Ausdehnung, -en	_____	-en	
das Ballungsgebiet, -e	_____	das Wirtschaftswunder, -	_____
der Dienstleistungssektor,	_____	der Wirtschaftszweig, -e	_____
-en		der Umschwung, -"e	_____
die Einwohnerzahl, -en	_____	der Wandel, -	_____

Wörter, die für mich wichtig sind:

_____   _____   _____   _____

_____   _____   _____   _____

_____   _____   _____   _____

_____   _____   _____   _____

Modul 2 Mit gutem Gewissen?

etw. angehen (geht an,	_____	gratis	_____
ging an, ist ange-		mancherorts	_____
gangen)		potenziell	_____
seinen Dank ausdrücken	_____	unter Generalverdacht	_____
das Bedenken, -	_____	stehen (steht, stand,	
bedenklich	_____	hat gestanden)	
bedingungslos	_____	der/die Straßenkünstler/in,	_____
die Fairness	_____	-/-nen	
das Gedränge	_____	tendenziell	_____
in Vorleistung gehen (geht,	_____	die Unverbindlichkeit	_____
ging, ist gegangen)		sich erkenntlich zeigen	_____
das Gehetze	_____	die Zuwendung, -en	_____

Wörter, die für mich wichtig sind:

_____   _____   _____   _____

_____   _____   _____   _____

_____   _____   _____   _____

_____   _____   _____   _____

Modul 3   Die Welt ist ein Dorf

abbauen	_____	die Serviceleistung, -en	_____
der Fortschritt, -e	_____	die Transparenz	_____
grenzenlos	_____	überleben	_____
der Hungerlohn, -"e	_____	die Unternehmenskosten	_____
konkurrenzfähig	_____	verlegen	_____
pleitegehen	_____	die Verlegung	_____
der Preisdruck	_____	die Vernetzung	_____
die Rationalisierungs-	_____	der Wettbewerbsdruck	_____
maßnahme, -n		der Wohlstand	_____
der Rohstoff, -e	_____		

Wörter, die für mich wichtig sind:

_____   _____   _____   _____

_____   _____   _____   _____

_____   _____   _____   _____

_____   _____   _____   _____

Modul 4   Wer soll das bezahlen?

der Betrag, -"e	_____	der Kapitalgeber, -	_____
bieten (bietet, bot,	_____	einen Kredit aufnehmen	_____
geboten)		(nimmt auf, nahm auf,	
das Finanzierungsinstitut,	_____	hat aufgenommen)	
-e		das Mindestkapital	_____
die Fremdfinanzierung, -en	_____	eine Aktion starten	_____
das Fremdkapital	_____	ein Projekt umsetzen	_____
die Fußgängerzone, -n	_____	unterstützen	_____
ein (beglücktes) Lächeln	_____	vorfinanzieren	_____
auf den Lippen haben		zeitlich begrenzt	_____
die Geschäftsidee, -n	_____	zweckgebunden	_____
die Gewinnbeteiligung, -en	_____		

Wörter, die für mich wichtig sind:

_____   _____   _____   _____

_____   _____   _____   _____

_____   _____   _____   _____

_____   _____   _____   _____

Ziele

Diese Übungen bereiten dich auf das Kapitel vor.

1a Ordne die Wörter und Ausdrücke den drei Gruppen zu.

> sich etw. vornehmen   etw. verwirklichen   sich einen Wunsch erfüllen   sich reinknien
>
> sich etw. einprägen   die Weichen stellen für   einen Vorsatz fassen   etw. in die Tat umsetzen
>
> etw. im Voraus festlegen   sich entschließen zu   etw. zustande bringen   etw. wahr machen
>
> Kenntnisse erwerben in   Ernst machen mit   etw. aufnehmen   sich etw. beibringen
>
> sich etw. erarbeiten   etw. durchziehen   einen Entschluss fassen   sich etw. aneignen

Wissen erweitern	etwas planen	etwas realisieren

b Ergänze die Ausdrücke aus 1a in der richtigen Form. Es gibt mehrere Möglichkeiten.

1. Ich will meinen Plan, ein Jahr nach Australien zu gehen, gleich nach dem Abitur _____.

2. Mit dieser Reise möchte ich mir einen lang ersehnten _____.

3. In unserem Informatikkurs _____ wir auch _____ in HTML.

4. Mit der Bewerbung hat er _____ für ein Schuljahr im Ausland _____.

5. Für das neue Jahr habe ich mir _____, mehr für die Schule zu machen.

6. Meine Noten sind dieses Schuljahr nicht so gut. Wenn ich die Klasse nicht wiederholen möchte, muss ich

   mich jetzt echt _____.

7. Wenn man sich neue Wörter _____ möchte, sollte man sie regelmäßig wiederholen.

8. Meine große Schwester hat sich dazu _____, in Hamburg zu studieren.

c Wähle zwei Ausdrücke, die neu für dich waren. Schreib dazu je einen Satz.

Ich habe mir vorgenommen, nach dem Abitur ein Jahr ins Ausland zu gehen.

2 Wie heißen die Nomen? Schreib sie mit Artikel. Der erste und letzte Buchstabe ist korrekt.

1. Ashibct   *die Absicht* _____
2. Vostraz _____
3. Eigherz _____
4. Paln _____
5. Ehnusstlcs _____
6. Mitviaootn _____
7. Zinzleuestg _____
8. Itenitnon _____
9. Vbhorean _____
10. Wlile _____

3 Lies drei Blogeinträge zum Thema „Was sind eure Ziele im Leben?" und ergänze die fehlenden Buchstaben.

Yaliya93   6.10. / 13:24 Uhr

Ich bin jetzt 22 und will näch__ __ __ __ Jahr im Juni mein Stu__ __ __ __ beenden. Da__ __ __ __ werde ich einen J__ __ suchen. Wo, das weiß ich noch nicht. Ich bin da eher fle__ __ __ __ __. Ich glaube, das muss man auch sein. Mit den Spr__ __ __ __ __, d__ __ ich gelernt habe (Eng__ __ __ __ __, Spanisch und ein wenig Portugiesisch), könnte ich auch im Aus__ __ __ __ arbeiten. Aber was ich sicher weiß, ist, dass ich gern Erf__ __ __ __ __ __ __ in meinem Be__ __ __ sammeln möchte.

WellingHH   6.10. / 12:35 Uhr

Zu meinen Zi__ __ __ __ gehört definitiv, bald eine ei__ __ __ __ Wohnung zu haben. Ich woh__ __ noch bei meinen El__ __ __ __ und das nervt man__ __ __ __ __ schon sehr. Me__ __ __ Ausbildung a__ __ Automechatroniker habe ich erf__ __ __ __ __ __ __ abgeschlossen. Nun su__ __ __ ich eine St__ __ __ __. Ich habe mich bei einer großen Autowerkstatt be__ __ __ __ __ __. Nächste Wo__ __ __ habe ich ein Bewerbungs__ __ __ __ __ __ __ __. Wenn alles kl__ __ __ __, habe ich bald meinen Traum__ __ __. Und dann kann ich mir auch eine eigene Wo__ __ __ __ __ lei__ __ __ __ 🙂.

TomyNeu   6.10. / 12:17 Uhr

Mein Ziel, an dem ich gerade ganz nah dran bin, kli__ __ __ ein bisschen ver__ __ __ __ __, ist aber ein lang erse__ __ __ __ __ Traum: Ich mö__ __ __ __ mit meinen Fr__ __ __ __ __ __ nach dem Ab__ __ __ __ eine Welt__ __ __ __ __ machen. Wir stecken ger__ __ __ mitten in den Vorb__ __ __ __ __ __ __ __ __ __, denn schon im nächsten So__ __ __ __ geht es los.

Fairness im Netz

1 Löse das Kreuzworträtsel.

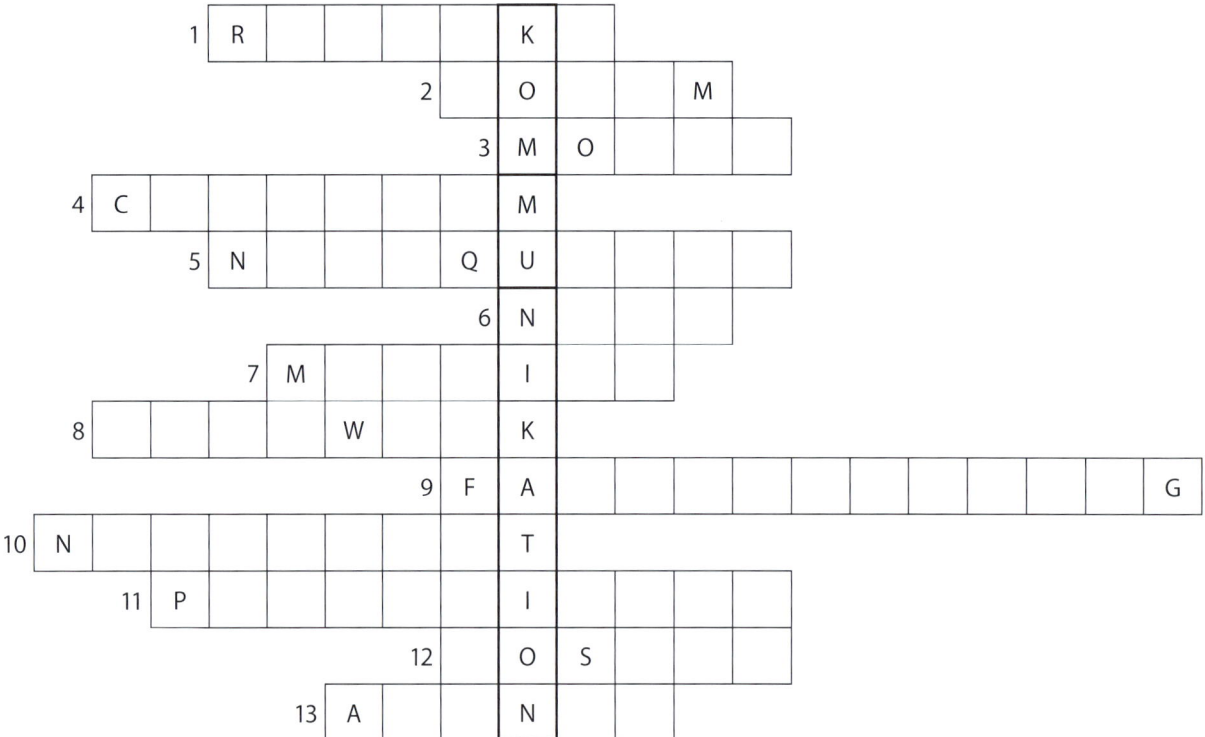

1. die gegenseitige Achtung
2. ein Ort im Netz, wo man Themen diskutieren kann
3. das Thema eines Aktionstages
4. Bereich im Internet, in dem zu einem bestimmten Thema gechattet wird
5. Höflichkeitsregeln im Internet
6. das Internet
7. das wiederholte Beleidigen und Kränken anderer Menschen

8. Plattform, auf der man berufliche oder private Kontakte knüpfen kann
9. Fake News
10. Mitteilung
11. absichtlich etwas sagen/schreiben, um einen anderen zu ärgern
12. etw. ins Netz stellen
13. ohne den eigenen Namen zu nennen

2 In diesem Beitrag haben sich zehn grammatische und orthografische Fehler eingeschlichen. Finde die Fehler und korrigiere sie.

(1) Seid einigen Monaten bin ich in diesem Forum angemeldet und finde es wirklich gut, dass man sich hier über alle Themen austauschen kann. (2) In letzte Zeit habe ich aber immer wieder bemerkt, dass einige User die Spielregeln nicht beachten. (3) Oft ist der Ton verletzent und beleidigend. (4) Ich finde, dass geht gar nicht. (5) Für diese Forum gibt es Regeln, wie wir miteinander umgehen wollen. (6) An diese Regeln hat sich alle zu halten. (7) Ein Verstoß gegen diese Regeln kann dazu führen, dass die Beiträge solcher User nicht veröffentlichen werden. (8) Das finde ich gut und bitte die Redaktion, User generell für dieses Forum zu sperren, die widerholt dagegen verstoßen. (9) Ich wurde gern wissen, was alle anderen über den Umgangston hier denken. (10) Schreibt mal, was ihr dafür sagt.

3 Was wäre ohne soziale Netzwerke nicht möglich? Ergänze die Sätze und benutze den Konjunktiv II der Gegenwart.

| kommunizieren können | zur Folge haben | abhängen | sein |
| warten müssen | geben | bestehen | dauern |

1. Ohne Internet _____ es keine sozialen

Netzwerke. 2. Man _____ nicht sofort und

direkt miteinander _____. 3. Man

_____ sehr lange auf eine Antwort

_____ und es _____ länger _____,

bestimmte Entscheidungen zu treffen. 4. Große Entfernungen zwischen den Kommunikationspartnern

_____, dass die Kommunikation viel teurer

_____. 5. Ohne soziale Netzwerke _____ auch nicht die

Möglichkeit _____, so leicht andere Leute mit gleichen Interessen kennen-

zulernen. 6. Ohne Netzwerke _____ wir viel mehr von den lokalen Gegebenheiten

oder von unserem direkten Umfeld _____.

4 Ergänze *so ..., dass ...* oder *zu ..., als dass ...*

1. Ich habe nicht _____ viel Zeit, _____ ich täglich mehrere Stunden online sein kann.

2. Man erhält oft _____ viele Nachrichten, _____ man alle beantworten könnte.

3. Viren können _____ großen Schaden verursachen, _____ der Rechner unbrauchbar wird.

4. Mein Handyspeicher ist _____ klein, _____ ich alle neuen Apps installieren könnte.

5. Heute gibt es _____ viele Internetanbieter, _____ man sich immer den billigsten aussuchen kann.

5 Bilde Konsekutivsätze mit *so ..., dass ...* und *zu ..., als dass ...*

1. a Der Computer ist sehr preiswert. Am liebsten würde ich ihn kaufen.
   b Der Computer ist sehr teuer. Ich kann ihn nicht kaufen.
2. a Programmieren ist sehr interessant. Ich möchte es auch gern beruflich machen.
   b Programmieren ist sehr kompliziert. Ich möchte es nicht beruflich machen.
3. a Soziale Netzwerke sind sehr beliebt. Immer mehr Menschen werden Mitglied.
   b Soziale Netzwerke kosten viel Zeit. Ich melde mich nicht an.
4. a Viele User haben wenig Bedenken wegen der Datensicherheit. Sie geben alle persönlichen Daten preis.
   b Es gibt große Sicherheitslücken. Ich gebe keine persönlichen Daten von mir an.

   1. a Der Computer ist so preiswert, dass ich ihn am liebsten kaufen würde.
   b Der Computer ist zu teuer, als dass ich ihn kaufen könnte.

6 Ordne die Sätze zu und bilde negative Konsekutivsätze mit *zu …, um … zu …*

1. _d_ Er hat geringe Computerkenntnisse.

2. ____ Die Schule hat wenige Lehrer.

3. ____ Manche Leute erhalten täglich viele Nachrichten.

4. ____ Viele Jugendliche erhalten wenig Taschengeld.

5. ____ Die Datensicherheit ist sehr wichtig.

6. ____ Computerviren sind sehr gefährlich.

a Sie kann keine Informatikkurse anbieten.

b Man geht nicht leichtfertig mit ihr um.

c Man darf nicht auf ausreichenden Schutz verzichten.

d Er kann seinen Computer nicht allein einrichten.

e Sie können nicht alle beantworten.

f Sie können sich davon nicht das teuerste Smartphone kaufen.

1. Er hat zu geringe Computerkenntnisse, um seinen Computer allein einzurichten.

7 Schreib zu jedem Bild einen negativen Konsekutivsatz.

1. *Die Prüfungsaufgaben sind viel zu schwierig, als dass der Schüler sie lösen könnte.*

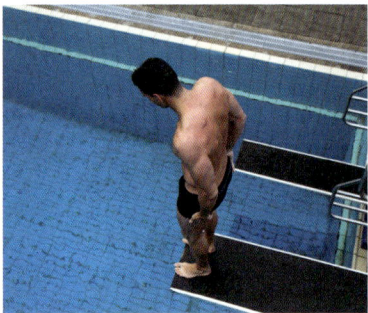

2. _____

_____

_____

3. _____

_____

_____

4. _____

_____

_____

5. _____

_____

_____

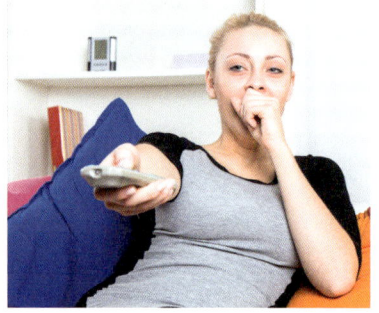

6. _____

_____

_____

8 Schreib die Sätze zu Ende.

1. Ich habe so viel zu tun, …
2. Bis nach Hamburg ist es zu weit, …
3. Unser Mathelehrer gibt uns zu viele Aufgaben, …
4. Auf der Abifeier waren so viele Gäste, …

5. Die Ferien waren viel zu kurz, …
6. Die Prüfung war so schwer, …
7. Die Monatskarte für den Schulbus ist zu teuer, …
8. Der Text hatte so viele Fehler, …

1a **Welches Wort passt? Markiere es. Das Wörterbuch hilft.**

1. sich politisch   teilnehmen – engagieren – mitmachen – eintreten
2. sich an Gesetze   halten – legen – absolvieren – entstehen
3. die Interessen der Schüler   stark machen – einsetzen – vertreten – bemühen
4. eine Versammlung   organisieren – verplanen – zubereiten – erschaffen
5. einer Partei   gut finden – wählen – einsteigen – beitreten
6. sich Gehör   erhalten – verschaffen – bekommen – machen
7. von seinem Grundrecht   Nutzen ziehen – Gebrauch machen – Hinweis geben – Anwendung finden

b **Wähle vier Wendungen und schreib jeweils einen Satz.**

2 **Bilde zusammengesetzte Nomen mit *Politik*. Das Wörterbuch hilft. Schreib die Nomen mit Artikel.**

Politik-	-politik
die Politikwissenschaft, …	*die Regierungspolitik, …*

3a **Ordne die Wörter zu. Es gibt mehrere Möglichkeiten. Notiere die Nomen mit Artikel.**

Wahllokal bürgerlich Stimmzettel Pflege Präsident konservativ Minister Gesundheit links
Abgeordnete Gemeinde Umweltschutz liberal Wahlsieger Wirtschaft Landkreis Bundeskanzler
Volksabstimmung Beamte Bundesland Integration demokratisch rechts Gesetz Wähler

POLITIK				
Themen	Ausrichtung / Parteien	Wahlen	Regierung	Staat
der Umweltschutz, …	*bürgerlich, …*	*das Wahllokal, …*		

b **Ergänze in jeder Gruppe drei Wörter.**

4a **Lies die Forderungen von Schülern. Kreuz vier an, die du für sinnvoll hältst.**

1. ☐ Mehr Geld für Bildung!   5. ☐ Mehr Stellplätze für Fahrräder!
2. ☐ Schuluniformen sofort einführen!   6. ☐ Kleinere Klassen!
3. ☐ Gesünderes Essen in der Schule!   7. ☐ Gleiche Chancen für alle!
4. ☐ Saubere Klassenzimmer!   8. ☐ Saubere Schultoiletten!

b **Entscheide bei den angekreuzten Forderungen, ob sie durch Eigenverantwortung oder durch politische Entscheidungen erfüllt werden können. Notiere dann, wer was für die Umsetzung der Forderung tun kann.**

1. Die Regierung könnte …

Ab morgen!

1 **Schreib eine Antwort auf die Nachricht. Nutze dabei die Informationen aus dem Text im Kursbuch und beschreibe eigene Erfahrungen.**

> Liebe/r …
> wie geht's dir? Was gibt's Neues? Bei mir ist eigentlich alles soweit gut. Ich versuche gerade, ein paar Dinge zu ändern. Aber das ist gar nicht so einfach … Ich hatte mir eigentlich vorgenommen, dieses Jahr jeden Tag vier Stunden zu lernen. Na ja, geschafft habe ich das bis jetzt erst zwei- oder dreimal. Außerdem wollte ich wieder regelmäßiger Sport machen und jeden Abend zum Laufen oder zum Schwimmen gehen. Aber irgendwie kommt immer etwas dazwischen. Und ich habe mir vorgenommen, keinen Zucker mehr zu essen. Das fällt mir auch schwer, weil ich ja eigentlich total gerne Schokolade esse. Nichts klappt so richtig und ich habe immer ein schlechtes Gewissen😛. Hast du vielleicht ein paar Tipps für mich? Melde dich bald mal!
> Viele Grüße
> Benjamin

2 *obwohl – trotzdem – zwar …, aber – trotz.* **Ergänze.**

Gesunde Ernährung ist so wichtig und ich will mich schon länger gesünder ernähren.
(1) _____ aller guten Vorsätze habe ich es nie besonders lange

durchgehalten, viel Obst und Gemüse zu essen. (2) _____ es so

ungesund ist, esse ich immer wieder Fastfood, wenn ich mit meinen Freunden unter-

wegs bin. Ich habe einfach oft so großen Appetit darauf und kaufe mir dann wieder

einen Burger. Das bereue ich (3) _____ später immer,

_____ ein Burger schmeckt mir einfach besser als ein grüner

Salat. (4) _____ versuche ich jetzt wieder, mich endlich besser zu

ernähren. Ich hoffe, ich schaffe es diesmal.

(5) _____ ich mir immer vornehme, rechtzeitig mit dem

Lernen anzufangen, ist es am Ende immer das Gleiche. Kurz vor dem Prüfungs-

termin sitze ich schwitzend am Schreibtisch und bin gestresst, weil ich wieder

alles auf den letzten Drücker mache. (6) _____ der riesigen

Stoffmenge gelingt es mir nicht, rechtzeitig zu beginnen. Ich mache mir

(7) _____ einen Zeitplan, _____ den

halte ich nie ein. Eigentlich lerne ich lieber allein, (8) _____

möchte ich jetzt eine Lerngruppe gründen. Da muss ich mich ja dann auf die

Treffen vorbereiten.

3 **Forme die Sätze mit den Wörtern in Klammern um.**

1. Trotz hoher Motivation halten viele Menschen ihre guten Vorsätze nicht durch. (obwohl)
2. Obwohl Herr Schmidt Rückenprobleme hat, macht er keinen Sport. (dennoch)
3. Manche Leute sind nicht zufrieden, obwohl sie ihre Vorsätze realisiert haben. (trotz)
4. Viele Leute möchten gesund leben. Trotzdem essen sie Fastfood und bewegen sich kaum. (zwar …, aber)
5. Lena bemüht sich. Trotzdem kann sie ihre Pläne nicht immer umsetzen. (trotz)

4 Bilde die Nominal- oder Verbalform.

1. Um ihre Kondition zu verbessern, fährt Gesa jetzt viel Fahrrad.
2. Zur leichteren Realisierung von Vorsätzen sollte man sich realistische Ziele stecken.
3. Um sich gründlich auf eine Prüfung vorzubereiten, sollte man rechtzeitig beginnen.
4. Damit er sich die Zeit besser einteilen kann, hat Martin einen Lernplan geschrieben.
5. Für eine bessere Vorbereitung auf eine Prüfung will Martin eine Lerngruppe gründen.

5 Wähle jeweils eine Möglichkeit der Satzverbindung und formuliere um.

1. obwohl / trotz: Lena hat hohes Fieber. Sie will nicht zum Arzt gehen.
2. um … zu / zu: Viele Leute verändern ihre Gewohnheiten. Sie wollen ihre Lebensqualität verbessern.
3. obwohl / trotz: Ben ist häufig erkältet. Er tut nichts für sein Immunsystem.
4. damit / zu: Die Motivation steigt. Man sollte sich ab und zu belohnen.
5. zwar … aber / trotz: Frau Müller hat Gesundheitsprobleme. Sie arbeitet weiterhin rund um die Uhr.
6. obwohl / trotz: Max ist sehr gut organisiert. Er schafft sein Lernpensum meistens nicht.

1. Obwohl Lena hohes Fieber hat, will sie nicht zum Arzt gehen.
Trotz ihres hohen Fiebers will Lena nicht zum Arzt gehen.

6 Ergänze die Sätze.

1. Er ist immer am Handy, obwohl …
2. Sie hat oft schlechte Noten, trotzdem …
3. Man sollte sich öfter entspannen, um … zu …
4. Damit …, sollte man sich regelmäßig bewegen.
5. Trotz … gibt sie zu viel Geld aus.
6. Er hat zwar nicht viel Zeit, aber …

7 Hör die Umfrage zum Thema „Gute Vorsätze". Zu wem passt welche Aussage? Kreuz an.

16

	Person 1	Person 2	Person 3	Person 4
1. Viele meiner Vorsätze habe ich bereits umgesetzt.	☐	☐	☐	☐
2. Man sollte auch mal mit sich selbst zufrieden sein.	☐	☐	☐	☐
3. Ich habe es aufgegeben, gute Vorsätze zu fassen.	☐	☐	☐	☐
4. Gute Vorsätze müssen realistisch sein.	☐	☐	☐	☐
5. Manche Pläne sind typisch für bestimmte Zeitpunkte.	☐	☐	☐	☐
6. Einige Dinge ändern sich mit der Zeit auch von allein.	☐	☐	☐	☐
7. Jeder kann seine guten Vorsätze umsetzen, wenn er wirklich will.	☐	☐	☐	☐
8. Gute Vorsätze frustrieren nur, weil man sie nicht durchhalten kann.	☐	☐	☐	☐

Ehrenamtlich

1 Lies bitte die vier Texte. In welchen Texten (A–D) gibt es Aussagen zu den Themenschwerpunkten 1–5?

Thema 1: Grund für Engagement
Thema 2: Einstellung gegenüber Engagement vorher
Thema 3: übernommene Arbeiten/Aktionen
Thema 4: gemachte Erfahrungen
Thema 5: Reaktion des Umfelds

In der Prüfung

Leg dir die Themenschwerpunkte, nach denen du suchen musst, neben den Text und unterstreiche in den Texten die Stichworte, die du zu dem jeweiligen Punkten findest. Übertrage dann die Stichworte in die Tabelle.
Am Ende dürfen nur zehn Zeilen ausgefüllt sein. Kontrolliere noch einmal, ob alle Stichworte auch wirklich in der richtigen Zeile stehen.

Bei jedem Themenschwerpunkt sind ein, zwei oder drei Stichpunkte möglich, insgesamt aber nicht mehr als zehn. Sollten mehr als zehn Antworten eingetragen sein, werden nur die ersten zehn Antworten bewertet, alle anderen werden gestrichen, auch wenn es sich um richtige Lösungen handeln sollte. Schreib die Antworten in die Übersicht. Schreib nur Stichworte oder eine sinnvolle Verkürzung der Textpassage. Bitte beachte auch die Beispiele.

0 Beispiel: Finden der Stelle

Text ☒   *Anzeige des Vereins in Unizeitung gelesen*

Text ☐

Text ☒   *Cousine arbeitet dort / Gefallen für Cousine*

Text ☐

Text A: Helena

Beispiel

Ich wohne in einem Viertel in der Innenstadt, das die meisten Menschen wahrscheinlich als sozialen Brennpunkt bezeichnen würden. Die Mieten dort sind recht günstig, weshalb auch viele Studenten wie ich dort hinziehen. Irgendwann habe ich dann mal **eine Anzeige von dem Verein „Großer Bruder – große Schwester" in der Unizeitung gelesen**, in der Freiwillige für ein Patenschaftsprojekt gesucht wurden. Mit diesem Projekt soll erreicht werden, dass Kinder oder Jugendliche eine verlässliche Stütze in ihrem Alltag haben. Also jemanden an ihrer Seite, der da ist, wenn sie einen Rat brauchen oder über ein Problem sprechen möchten. Ich habe mich gleich beworben und eine Patenschaft für einen zehnjährigen Jungen übernommen. Also, es ist toll zu sehen, wie sich Jonas in den letzten Monaten entwickelt hat. Er ist weniger ängstlich und hat jetzt mehr Selbstbewusstsein. Man kann schon mit kleinen Dingen echt viel bewirken. Für Jonas sind unsere Treffen wichtig geworden, denn er weiß, dass er sich immer auf mich verlassen kann. Und für mich sind sie auch wichtig.

Text B: Lukas

Regelmäßig kann ich mich nicht engagieren, dazu fehlt mir schlichtweg die Zeit, weil ich in meinem Studium sehr eingespannt bin und ständig auf irgendwelche Prüfungen lernen muss. Aber ich helfe ein paarmal im Jahr unentgeltlich im Bürgerzentrum bei mir in der Nachbarschaft aus, wenn Veranstaltungen wie Stadtteilfeste, Konzerte oder Vorträge anstehen. Da mache ich dann alles Mögliche von der Organisation über den Aufbau der Bühne bis hin zum Getränkeausschank oder Aufräumen. Ich schreibe und drucke auch Werbeflyer, damit möglichst viele Leute zu den Veranstaltungen kommen. Auf jeden Fall möchte ich mich auch noch mehr dort einbringen, wenn ich irgendwann mal mehr Zeit habe.
Von meinen Freunden bin ich eigentlich der Einzige, der ab und zu ehrenamtlich arbeitet. Sonst kenne ich niemanden, außer natürlich die anderen Helfer im Bürgerzentrum. Alle bei mir an der Uni und im Freundeskreis finden das immer ganz interessant, dass ich so etwas mache, und der eine oder andere plant auch immer wieder, sich irgendwo einzubringen, aber bei den guten Vorsätzen bleibt es dann auch meistens. Das finde ich schade, denn mein Engagement macht mir wirklich Spaß und ich habe dabei auch einen Haufen netter Leute kennengelernt. Und ich habe mir vorgenommen, dass ich vor meinem nächsten Einsatz im Bürgerzentrum einfach mal ein paar Leute direkt anspreche und frage, ob sie mitkommen. Ich hoffe, dass sich dann niemand drückt.

Text C: Mert

Beispiel

Ich arbeite ehrenamtlich für das Interkulturelle Begegnungszentrum in Braunschweig. Meine Aufgabe besteht darin, türkische Mitbürger, die nicht gut Deutsch sprechen, in bestimmten Bereichen zu unterstützen. Das heißt, ich begleite sie zum Beispiel bei Arztbesuchen oder Behördengängen und dolmetsche da für sie. Manchmal führe ich auch wichtige Telefongespräche in ihrem Auftrag. **Meine Cousine arbeitet in diesem Zentrum** und als mal Not am Mann war, hat sie mich

Beispiel

gefragt, ob ich einspringen könnte. Viel Lust hatte ich eigentlich nicht und habe das zunächst eigentlich nur gemacht, um **ihr einen Gefallen zu tun.** Ich wollte da so schnell wie möglich wieder aussteigen, weil ich der Meinung war, das kostet mich nur Zeit und bringt mir persönlich rein gar nichts. Jetzt bin ich allerdings bereits seit vier Jahren dabei und werde das auch weitermachen, solange mein Job es zeitlich zulässt. Wenn meine Eltern damals, als sie nach Deutschland kamen, jemanden gehabt hätten, der ihnen ein bisschen zur Seite gestanden hätte, dann wäre für sie vielleicht auch alles ein bisschen einfacher gelaufen. Dieser Gedanke hilft mir, auch wenn die Termine vielleicht mal nicht so gut passen.

Text D: Susi

Ich fühlte mich schon als Kind sehr stark mit der Natur verbunden, weil mein Opa, der Jäger war, mich auf seine ausgedehnten Streifzüge durch die Wälder mitnahm. Er hat mir viel über die Natur beigebracht, vor allem auch Respekt. Später habe ich internationale Forstwirtschaft studiert, wo ich mich auch mit den schädlichen Auswirkungen des Klimawandels beschäftigt habe. Als bei mir in der Nähe die alten Bäume einer Ahornallee gefällt werden sollten, um eine Straße zu verbreitern, habe ich einfach einen Baum besetzt. Ich informierte die Presse, spannte eine Hängematte zwischen die Äste eines Baumes und blieb dort beharrlich hocken. Erst nach Androhung einer hohen Geldstrafe verließ ich mein Lager. Diese Aktion wiederholte ich zwei Wochen später mit zwei anderen Frauen. Unsere Aktion war ein Erfolg, die geplante Abholzung rückte ins öffentliche Bewusstsein und letztendlich wurde die neue Straße nicht gebaut und die Bäume stehen noch. Mir hat es gezeigt, dass man etwas erreichen kann, wenn man sich wirklich dafür einsetzt. Und ich habe auch gelernt, dass man auch andere Menschen für eine Sache motivieren kann.

1. Grund für Engagement

Text A

Text B

Text C

Text D

2. Einstellung gegenüber Engagement vorher

Text A

Text B

Text C

Text D

3. übernommene Arbeiten/Aktionen

Text A

Text B

Text C

Text D

4. gemachte Erfahrungen

Text A

Text B

Text C

Text D

5. Reaktion des persönlichen Umfelds

Text A

Text B

Text C

Text D

2 Sieh die Karikatur an und schreib einen kurzen Text dazu.

Aussprache: Der Knacklaut vor Vokalen, Umlauten und Diphthongen

1a Lies die folgenden Wörter zuerst leise.

acht – Amt – Auto – älter – etwas – Ehre – Eis – ich – ihr – oder – offen – über – Uhr – unter

b Hör die Wörter und sprich nach.

17

c Hör noch einmal. Diesmal werden die Wörter geflüstert. Was hörst du vor dem ersten Vokal?

18

d Hör noch einmal und flüstere nach. Sprich die Wörter dann noch einmal laut und beachte die Regel.

19

Vor Vokalen, Umlauten sowie *au*, *eu* und *ei*, die den Anlaut eines Wortes oder einer Silbe bilden, entsteht beim Sprechen ein Knacklaut, der stimmlos gesprochen wird. Dieser Laut wird an den Stimmbändern gebildet, die sich plötzlich öffnen.

2a Hör die Wörter. Welche Variante wird richtig gesprochen? Markiere.

20

1. bearbeiten   2. Verantwortung   3. erinnern   4. Spiegelei   5. Ehrenamt

   Ⓐ Ⓑ   Ⓐ Ⓑ   Ⓐ Ⓑ   Ⓐ Ⓑ   Ⓐ Ⓑ

b Hör noch einmal und markiere den Wortakzent und die Wortgrenzen. Sprich die Wörter laut.

21

1. bearbeiten   2. Verantwortung   3. erinnern   4. Spiegelei   5. Ehrenamt

c Wählt vier Beispiele und übt zu zweit.

das Bundesamt – der Abfalleimer – das Erdbeereis – die Automatikuhr – die Unterkunft – eventuell –

die Öffentlichkeit – der Ausverkauf – die Übereinstimmung – elementar

So schätze ich mich nach Kapitel 5 ein: Ich kann …	+	○	–
… eine Radiosendung zum Thema „Safer Internet Day" verstehen und Notizen dazu machen. ▶M1, A2a–c	☐	☐	☐
… in Aussagen über gute Vorsätze Meinungen erkennen. ▶ÜB M3, Ü7	☐	☐	☐
… Berichte von engagierten Menschen verstehen und die wichtigsten Informationen notieren. ▶M4, A5a	☐	☐	☐
… Blogeinträge zum Thema „politisches Engagement" verstehen und einen Vorschlag für politisches Engagement recherchieren. ▶M2, A2a, b	☐	☐	☐
… einen Text über gute Vorsätze verstehen und die Ratschläge zusammenfassen. ▶M3, A2a	☐	☐	☐
… in Texten zum Thema „Ehrenamt" Meinungen und Standpunkte erkennen. ▶ÜB M4, Ü1	☐	☐	☐
… einen Text über freiwilliges Engagement verstehen und Textteile richtig in den Text einordnen. ▶M4, A2a	☐	☐	☐
… über soziale Netzwerke, die man selbst nutzt, sprechen. ▶M1, A1b	☐	☐	☐
… über Vorschläge für politisches Engagement sprechen. ▶M2, A2c	☐	☐	☐
… über das Thema „Ehrenamt" berichten und diskutieren. ▶M4, A1, A2d	☐	☐	☐
… zu einem Thema Informationen recherchieren und präsentieren. ▶M4, A3	☐	☐	☐
… meine Meinung zu einem Interview im Schulradio über den Safer Internet Day schreiben. ▶M1, A4	☐	☐	☐
… einen Blogeintrag schreiben, wie Jugendliche politisch aktiv sein können. ▶M2, A2d	☐	☐	☐
… eine E-Mail mit Tipps zum Einhalten guter Vorsätze schreiben. ▶ÜB M3, Ü1	☐	☐	☐
… einen Text zu einer Karikatur schreiben. ▶ÜB M4, Ü2	☐	☐	☐
… einen Text zum Thema „Freiwilliges Engagement heute" schreiben. ▶M4, A4	☐	○	☐

Das habe ich zusätzlich zum Buch auf Deutsch gemacht (Projekte, Internet, Filme, Lesetexte, …):

Datum: Aktivität:

_____ _____

_____ _____

_____ _____

_____ _____

_____ _____

Grammatik und Wortschatz weiterüben: interaktive Online-Übungen unter www.klett-sprachen.de/aspekte-junior/online-uebungen3

Wortschatz

Modul 1 **Fairness im Netz**

der Aktionstag, -e	_____	eine Pause einlegen	_____
basieren auf	_____	die Richtlinie, -n	_____
die Beleidigung, -en	_____	etw. auf die leichte Schul-	_____
die Beschimpfung, -en	_____	ter nehmen (nimmt,	
die Diskriminierung	_____	nahm, hat genommen)	
sich Gedanken machen	_____	die Verhaltensregel, -n	_____
über		sich zusammensetzen	_____
initiieren	_____	zurückschrecken vor	_____
die Liste, -n	_____		

Wörter, die für mich wichtig sind:

_____ _____ _____ _____

_____ _____ _____ _____

_____ _____ _____ _____

_____ _____ _____ _____

Modul 2 **Null Bock auf Politik?**

der/die Abgeordnete, -n	_____	der/die Klassensprecher/in,	_____
gut ankommen bei	_____	-/-nen	
(kommt an, kam an,		vor Kurzem	_____
ist angekommen)		die Petition, -en	_____
sich anschließen an	_____	das Planspiel, -e	_____
(schließt sich an, schloss		das Protestschreiben, -	_____
sich an, hat sich ange-		das Schulhalbjahr, -e	_____
schlossen)		der Schülerrat	_____
sich einmischen in	_____	simulieren	_____
Gebrauch machen von	_____	die Stadtratssitzung, -en	_____
das Grundrecht, -e	_____	der Vertretungsplan, -"e	_____

Wörter, die für mich wichtig sind:

_____ _____ _____ _____

_____ _____ _____ _____

_____ _____ _____ _____

_____ _____ _____ _____

Modul 3   **Ab morgen!**

auftauchen	_____	der innere Schweinehund	_____
sich etw. bewusst machen	_____	hinter etwas stehen (steht,	_____
durchhalten (hält durch,	_____	stand, hat gestanden)	
hielt durch, hat durch-		einen Strich durch die	_____
gehalten)		Rechnung machen	
gezielt	_____	überstehen (übersteht,	_____
nebenbei	_____	überstand, hat über-	
die Oberhand gewinnen	_____	standen)	
(gewinnt, gewann,		sich verfestigen	_____
hat gewonnen)		sich verpflichtet fühlen	_____
ein Resümee ziehen (zieht,	_____	der Vorsatz, -"e	_____
zog, hat gezogen)		einen Vorsatz fassen	_____
schlimmstenfalls	_____	sich ein Ziel setzen	_____

Wörter, die für mich wichtig sind:

_____	_____	_____	_____
_____	_____	_____	_____
_____	_____	_____	_____

Modul 4   **Ehrenamtlich**

der Anreiz, -e	_____	eigens für	_____
die Arbeitslosenquote, -n	_____	sich einbringen (bringt sich	_____
die Auseinandersetzung,	_____	ein, brachte sich ein,	
-en		hat sich eingebracht)	
beeindruckend	_____	freiwillig	_____
der Behördengang, -"e	_____	größtenteils	_____
bereichern	_____	hinzufügen	_____
betreuen	_____	sich lohnen	_____
der Bildungsgrad, -e	_____	der Mitmacheffekt, -e	_____
darlegen	_____	der Strukturwandel	_____
das Ehrenamt, -"er	_____	vermerken	_____

Wörter, die für mich wichtig sind:

_____	_____	_____	_____
_____	_____	_____	_____
_____	_____	_____	_____

Gesund und munter

Diese Übungen bereiten dich auf das Kapitel vor.

1 Rund um Gesundheit und Krankheit. Ordne die Wörter aus dem Kasten in die passende Reihe ein. Notiere zu jeder Reihe einen Oberbegriff aus dem Kasten.

> der Blutdruck   die Ruhe   die Kapsel   **die Krankheit**   der Krebs
>
> die Fitness   der Kreislauf   **das Wohlbefinden**   die Lebensfreude   die Masern   die Spritze
>
> ~~das Heilmittel~~   die Salbe   der Schlaganfall   **die Körperfunktion**   die Atmung

1. _____

    die Durchblutung – die Verdauung – _____ – _____ – _____

2. *das Heilmittel* _____

    die Tablette – das Hausmittel – _____ – _____ – _____

3. _____

    die Grippe – der Herzinfarkt – _____ – _____ – _____

4. _____

    die Entspannung – _____ – _____ – _____

2 Ergänze die passenden Verben.

1. eine Krankheit vom Arzt _____ lassen

2. regelmäßig Medikamente _____

3. Untersuchungstermine _____

4. ein Pflaster auf die Wunde _____

5. Salbe auf die Haut _____

6. auf eine gesunde Ernährung _____

7. Brausetabletten in Wasser _____

8. den Oberkörper für die Untersuchung _____

> achten
>   auflösen
> auftragen
>   behandeln
> einnehmen
>   freimachen
> kleben
>   vereinbaren

3 So sollten Lebensmittel sein. Ordne den markierten Begriffen die passende Umschreibung zu.

1. ____ Die Lebensmittel sollten nicht **belastet** sein.

2. ____ Die Qualität von Fleisch und Gemüse sollte **unbedenklich** sein.

3. ____ Wer Obst und Gemüse **saisonal** einkauft, kann mit einer guten Qualität rechnen.

4. ____ Bio-Lebensmittel kommen bei der Produktion ohne **genmanipulierte** Stoffe aus.

5. ____ Wer auf **heimischen** Bauernhöfen einkaufen kann, hat mehr Einblick in die Herkunft der Lebensmittel.

a   in der direkten Umgebung

b   mit veränderten Informationen der Erbsubstanz

c   zu viele schlechte Substanzen enthaltend

d   so, dass man sich keine Sorgen machen muss

e   der Jahreszeit entsprechend

4 Sieh die Bilder an und schreib jeweils 1-2 Sätze dazu. Verwende auch Wörter aus den Kästen.

1. impfen – Kind – Krankheit – vorbeugen – Sicherheit

2. riskant – Sport – Verletzung

3. Entzündung – Schmerzen – Vorsorge – Behandlung – Zahnarzt

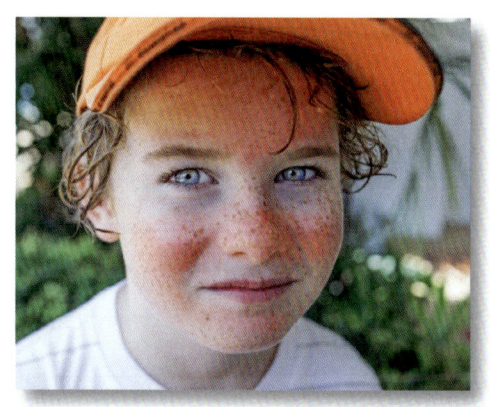

4. eincremen – Haut – Sonnenbrand – vermeiden – schützen

5. Stress abbauen – Fitness – Konzentration – gut tun

5 Was hast du in den letzten sechs Monaten für deinen Körper oder für deine Gesundheit getan? Wenn du nichts getan hast, überlege, was du tun könntest. Schreib einen kurzen Text.

Zu Risiken und Nebenwirkungen …

1 **Forschung und Gesundheit: Wie heißen die passenden Nomen und Verben? Ergänze.**

1. heilen   _die Heilung_
2. das Experiment _____
3. die Kontrolle _____
4. die Messung _____
5. nachweisen _____
6. der Einsatz _____

7. spritzen _____
8. wirken _____
9. die Definition _____
10. schmerzen _____
11. die Eignung _____
12. das Verständnis _____

2 **Welches Verb passt nicht? Streiche es durch.**

1. ein Medikament
   verschreiben – einnehmen – verhalten – vertragen
2. Schmerzen
   lindern – spüren – bewegen – haben
3. den Körper
   trainieren – pflegen – untersuchen – ausbauen
4. eine Krankheit
   heilen – einhalten – bemerken – erkennen
5. den Patienten
   behandeln – beruhigen – verhandeln – versorgen
6. einen Zahn
   waschen – putzen – untersuchen – ziehen

3a **Forme die Infinitivsätze in *dass*-Sätze um.**

1. Manche Patienten haben nach einem Arztbesuch den Eindruck, sich bereits besser zu fühlen.

   Manche Patienten haben nach einem Arztbesuch den Eindruck, dass sie sich bereits besser fühlen.

2. Einige Medikamente haben den Nachteil, nicht von allen Patienten gut vertragen zu werden.

   _____
   _____

3. Ärzte haben im Alltag oft das Problem, nicht genug Zeit für ihre Patienten zu haben.

   _____
   _____

4. Rückblickend können die meisten Patienten bestätigen, gut therapiert worden zu sein.

   _____
   _____

5. In der heutigen Zeit haben viele die Gewohnheit, zu schnell zu Medikamenten zu greifen.

   _____
   _____

6. Placebos haben bei vielen Menschen den Ruf, völlig wirkungslos zu sein.

   _____
   _____

b Forme die *dass*-Sätze in Infinitivsätze um.

1. Es ist nicht nötig, dass man bei jeder Krankheit gleich zu Tabletten greift.
2. Viele Patienten stehen vor dem Problem, dass sie die Therapierisiken nicht einschätzen können.
3. Die Forschung behauptet, dass sie die konkrete Wirkung von Placebos nachgewiesen hat.
4. Für Kinder ist es manchmal ideal, dass sie mit Hausmitteln behandelt werden.
5. Ob den Patienten bewusst ist, dass sie mit Placebos therapiert worden sind?
6. Auch Ärzte sind oft der Ansicht, dass sie dank Placebos gute Therapiemöglichkeiten zur Verfügung haben.
7. Manche Patienten haben geglaubt, dass sie mit Placebos völlig nutzlose Mittel einnahmen.

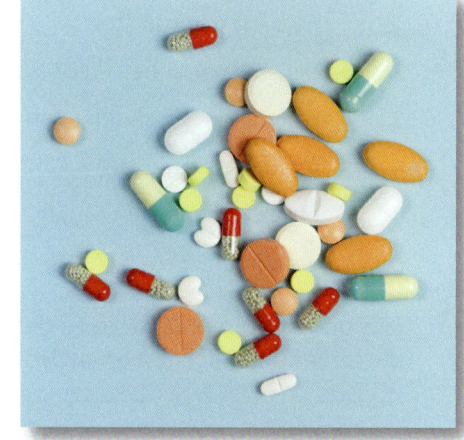

1. Es ist nicht nötig, bei jeder Krankheit gleich zu Tabletten zu greifen.

TIPP Für Infinitivsätze in der Vergangenheit existiert kein Präteritum, daher wird das Perfekt benutzt.

c Ergänze Infinitivsätze im Passiv. Achte auf die Zeitformen.

1. Nachdem mein Bruder aus dem Krankenhaus entlassen wurde, berichtete er uns, _____
_____. (behandeln / mit Placebos)

2. Viele kranke Menschen glauben, als Kinder _____
_____. (über eine gesunde Lebensweise / nicht genug / informieren)

3. Viele Patienten können sich nicht vorstellen, _____
_____. (heilen / ohne herkömmliche Medikamente)

4. Nach einer Operation können sich die Patienten oft nicht daran erinnern, _____
_____. (betäuben)

5. Manche Menschen gehen nicht zum Arzt, weil sie Angst davor haben, _____
_____. (ins Krankenhaus / einweisen)

4a Bilde Infinitivsätze wie im Beispiel.

1. Möglichkeit haben – medizinisch versorgen (Passiv)
2. Befürchtung haben – nicht respektieren (Passiv)
3. denkbar sein – neue Wege gehen
4. angewöhnen – freundlich sein
5. Gefühl haben – beobachten (Passiv)
6. vorhaben – Verrücktes tun
7. Lust haben – Neues ausprobieren

1. Heute gibt es viele Möglichkeiten, medizinisch gut versorgt zu werden.

b Ergänze die Satzanfänge mit Infinitivsätzen im Aktiv und Passiv.

1. Ich habe keine Lust, _____

2. Meine Freundin hat Angst davor, _____

3. Ich hoffe darauf, _____

4. Es war nicht meine Absicht, _____

5. Ich glaube daran, _____

Fritten oder Früchte?

1 **Lies noch einmal den Text im Kursbuch und ordne den Ausdrücken 1–6 die Umschreibungen a–f zu.**

1. ____ geprägt sein von (Z. 4)

2. ____ im Zentrum stehen (Z. 27–28)

3. ____ einer Sache geschuldet sein (Z. 30–32)

4. ____ verfügbar sein (Z. 55)

5. ____ etw. assoziieren mit (Z. 64)

6. ____ verborgen bleiben (Z. 101)

a einfach zu bekommen

b verbinden mit

c hier: besonders wichtig sein

d beeinflusst sein von

e etw. ist der Grund

f nicht sichtbar / unverständlich sein

2 **Lies die Zusammenfassung zu dem Text „Fritten oder Früchte?" aus dem Kursbuch und ergänze die fehlenden Informationen. Notiere pro Lücke ein Wort.**

In dem Artikel „Fritten oder Früchte" geht es darum, wie sich Jugendliche ernähren. Im __(1)__ der Zeit haben sich die Gewohnheiten verändert. __(2)__ haben Jugendliche mit der Familie zusammen gegessen, um satt zu werden. Heute essen Jugendliche auch __(3)__ die Familie, weil die Familienmitglieder wegen verschiedener Termine im Büro, in der Schule oder in der Freizeit oft nicht alle gleichzeitig zu Hause sind.

Trotzdem sitzen viele Jugendliche gerne mit der Familie an einem __(4)__, auch, wenn sie schon satt sind. Sie nutzen die Gelegenheit, sich auszutauschen oder __(5)__ zu lösen.

Oft essen Jugendliche auch zusammen mit ihren Freunden. Dabei ist auch hier die soziale Komponente wichtiger als das __(6)__, da sich Jugendliche gerne mit Freunden im gleichen __(7)__ identifizieren möchten.

Der Artikel berichtet aber auch darüber, dass Jugendliche oft nicht __(8)__, was gesunde Ernährung ist. Für viele Mädchen ist nur wichtig, dünn zu sein, für Jungen, einen muskulösen Körper zu bekommen. Sie können nicht kochen, da meistens die Eltern das Kochen übernehmen. Damit Jugendliche erfahren, wie sie sich gesund __(9)__ können, wird in dem Artikel vorgeschlagen, dass Eltern ihre __(10)__ stärker an der Auswahl, der Planung und Zubereitung von Gerichten beteiligen.

1 _____

2 _____

3 _____

4 _____

5 _____

6 _____

7 _____

8 _____

9 _____

10 _____

3a Worum geht es in der Grafik „Fix & Fertig"? Was fällt in Bezug auf die unterschiedlichen Altersgruppen auf? Was würdet ihr zu dem Thema sagen: Wie beliebt sind Fertiggerichte in eurem Land? Sammelt in Gruppen und vergleicht mit der Grafik.

b Hört zwei Beschreibungen der Grafik. Welche ist gut, welche nicht? Sammelt in Gruppen Gründe für eure Bewertung.

22

c Vergleicht eure Bewertungen und Gründe mit anderen Gruppen in der Klasse.

d Übe eine eigene Beschreibung zu der Grafik „Unser Speiseplan – heute und früher".
Mach Notizen zu den dargestellten Informationen und wähle passende Redemittel aus. Beschreib einem Partner / einer Partnerin die Grafik. Dein Partner / Deine Partnerin bewertet deine Beschreibung. Dann tauscht ihr.

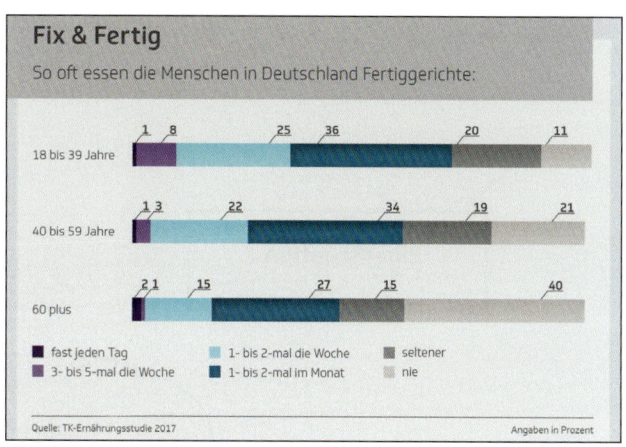

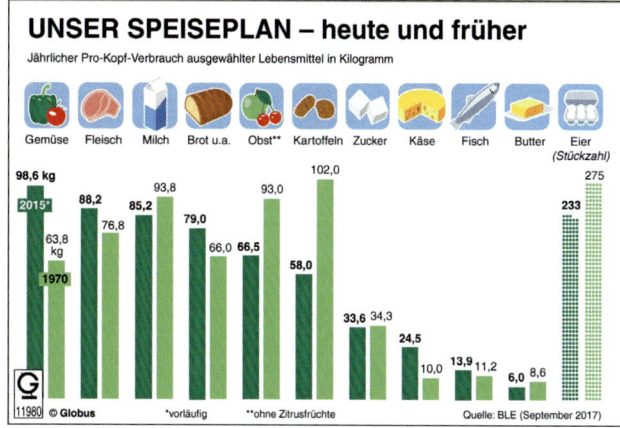

Einleitung	Hauptpunkte beschreiben	Unterschiede hervorheben
Die Grafik informiert über … / stellt … dar.	Die größten/geringsten Unterschiede …	Anders als bei … kann man bei … feststellen, dass …
Die Angaben erfolgen in …	Verglichen mit …	Im Unterschied zu …
Es wird über die Jahre … berichtet.	Auffällig/Interessant ist, dass …	Die Werte von … unterscheiden sich deutlich von …
	Man kann deutlich sehen, …	
	Besonders hohe/niedrige … gibt es bei …	

auf Ähnlichkeiten verweisen	Überraschendes nennen
… ist vergleichbar mit …	Ich hätte nicht erwartet, dass …
Ähnlich/Genauso ist es bei …	Erstaunlich/Überraschend finde ich, dass …

4 Redewendungen zum Thema „Körper". Was bedeuten die Aussagen? Ordne zu.

1. ____ Andauernd streiten wir uns. <u>Das schlägt mir auf den Magen.</u>

2. ____ Die Vorschläge für unser Sportfest sind doch total unrealistisch. <u>Die haben weder Hand noch Fuß.</u>

3. ____ Beim Geräusch des Bohrers <u>stehen mir die Haare zu Berge.</u> Ich hasse Zahnarztbesuche.

4. ____ <u>Mein Bauch sagt</u> mir, dass ich noch ein Praktikum machen sollte, bevor ich mich für eine Ausbildung entscheide.

a etw. ist nicht gut durchdacht / hat keine logische Struktur

b eine Entscheidung nach seinen Gefühlen treffen

c etw. stresst einen

d etw. ist erschreckend/ beängstigend

Schmeckt's noch?

1 Was fällt dir zum Begriff „Bio" ein? Ergänze die Mindmap.

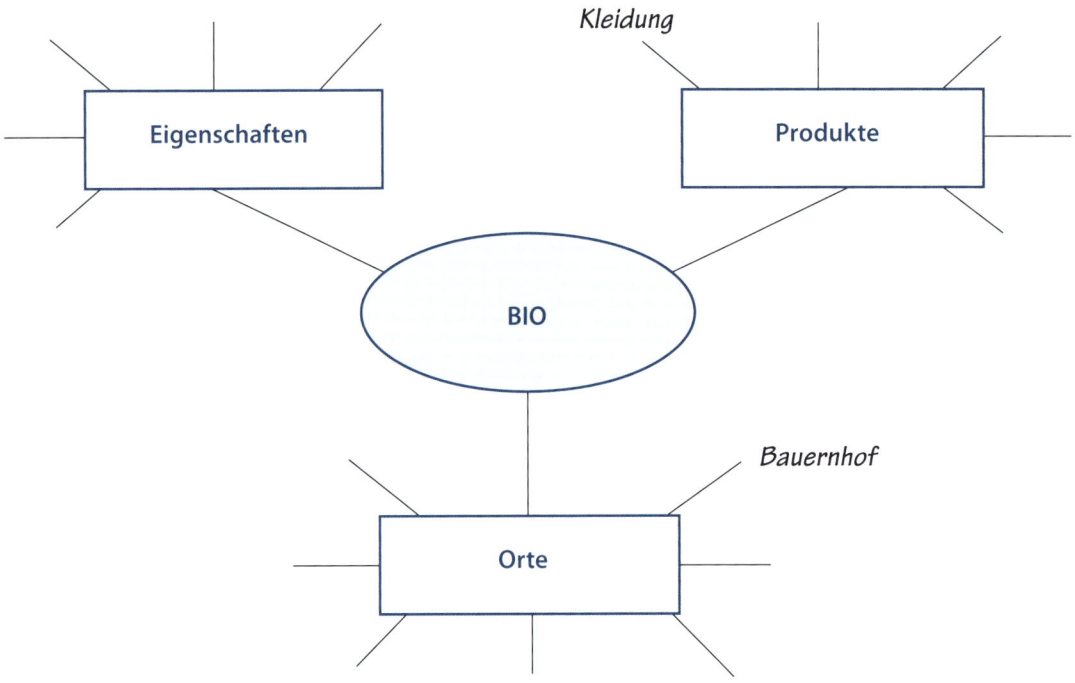

Eigenschaften

Kleidung

Produkte

BIO

Bauernhof

Orte

23

2 Hör das Gespräch und kreuz an: Wer sagt was?

	Lena	Ramon	beide
1. Discounter bieten generell keine guten Einkaufsmöglichkeiten.	☐	☐	☐
2. Ich bin mir nicht sicher, ob die Bioprodukte im Discounter auch den Kriterien für Bio entsprechen.	☐	☐	☐
3. Fleisch- und Wurstwaren esse ich ausschließlich in Bio-Qualität.	☐	☐	☐
4. Billige Bioprodukte haben manchmal eine schlechte Qualität.	☐	☐	☐
5. Es gibt auch gute und umweltfreundlich produzierte Produkte ohne Bio-Siegel.	☐	☐	☐
6. Es ist wichtig darauf zu achten, dass die Transportwege nicht zu lang sind.	☐	☐	☐

3 Erkläre in einem Text die Unterschiede zwischen Bio- und nicht Bio-Produkten. Geh auch auf die Vor- und Nachteile der beiden Produktarten ein.

Unter Bio-Produkten versteht man Waren, die unter bestimmten Auflagen hergestellt wurden. Bei Gemüse und Obst zum Beispiel muss …

4 Ergänze *wenn, bei* oder *ohne*.

1. _____ das Geschäft gut geht, planen wir, unser Angebot an Bioprodukten auszuweiten.

2. Das geht aber nur, _____ die Kunden das Bio-Sortiment auch gut annehmen.

3. _____ geringem Kundeninteresse an diesen Produkten können wir uns eine Erweiterung des Angebots nicht leisten.

4. Aber _____ guter Qualität sind ja auch konventionelle Produkte durchaus empfehlenswert.

5. _____ einen entsprechenden Preis können wir Bioprodukte leider nicht anbieten.

6. Auf jeden Fall haben wir schon Kontakte zu einigen weiteren Biobauern aufgenommen, denn _____ vertrauensvolle und zuverlässige Partner können wir das nicht schaffen.

5 Ergänze die Tabelle.

Verbalform	Nominalform
1. Wenn Güter nicht in großen Mengen produziert werden können, sind die Preise hoch.	*Ohne Produktion von Gütern in großen …*
2.	Beim Kauf von Bioprodukten sollte man auch auf die Herkunft achten.
3. Wenn die Transportwege z. B. für Obst und Gemüse lang sind, verliert die Ware auf dem Weg wichtige Vitamine.	
4.	Ohne strenge Kontrollen kann gute Qualität nicht garantiert werden.
5. Wenn die Produkte auf Wochenmärkten verkauft werden, sind diese meist frischer als im Supermarkt.	

6 Du planst ein großes Essen mit Freunden. Form die Sätze um und führ sie fort.

1. Wir haben schönes Wetter.
2. Es regnet.
3. Ich habe kein Geld.
4. Wir kaufen im Supermarkt ein.
5. Die Getränke sind nicht gekühlt.
6. Wir haben keinen großen Topf.
7. Ich bereite die Nachspeise rechtzeitig zu.
8. Ich habe keine Hilfe beim Tischdecken.

1. Bei schönem Wetter können wir auf der Terrasse essen.

Alles nur Show?

1 **Welches Wort passt? Ergänze.**

witzig	Realität	Schönheitsbild	durchstarten	Gefahr
	Aufmerksamkeit	rausgefiltert	preisgeben	Chancen

12.11. / 17:29 Uhr

Meine Freundin hat sich bei einer Castingshow beworben. Sie glaubt, dass sie dadurch im Model-

Business ganz schnell (1) _____ kann und berühmt wird. Ich weiß

nicht, ob sie (2) _____ hat. Oft werden die Bewerber und

Bewerberinnen ja ganz schnell und eher zufällig (3) _____. Ich bin

gespannt, ob sie Glück hat und dem (4) _____ der Jury entspricht.

Und ob sie es schafft, die (5) _____ des Publikums auf sich zu

ziehen. Na ja, sie kann manchmal echt sehr (6) _____ sein, das

könnte für das Publikum auch lustig werden und ihr Punkte bringen. Aber für mich wäre das

nichts. Ich will in der Öffentlichkeit nicht so viel von mir (7) _____.

Ich will auch keine Rolle spielen, die so gar nicht der (8) _____

und meiner Persönlichkeit entspricht. Ich sehe da auch eine große (9) _____,

bei vielen Leuten einen negativen Eindruck zu hinterlassen. Das möchte ich lieber nicht.

---

2 **Lies die Tipps des Schriftstellers Kurt Tucholsky für einen schlechten Redner. Notiere jeweils am Rand, wie der Tipp für einen guten Vortrag lautet.**

Ratschläge für einen schlechten Redner

Fang nie mit dem Anfang an, sondern immer drei Meilen vor dem Anfang! Etwa so:
»Meine Damen und meine Herren! Bevor ich zum Thema des heuti-gen Abends komme, lassen Sie mich Ihnen kurz …«

5 Hier hast du schon so ziemlich alles, was einen schönen Anfang aus-macht: eine steife Anrede; der Anfang vor dem Anfang; die Ankündi-gung, dass und was du zu sprechen beabsichtigst, und das Wört-chen „kurz". So gewinnst du im Nu die Herzen und die Ohren der Zuhörer.

10 Denn das hat der Zuhörer gern: dass er deine Rede wie ein schweres Schulpensum aufbekommt; dass du mit dem drohst, was du sagen wirst, sagst und schon gesagt hast. Immer schön umständlich.

1. _Anfang: direkt zum_
   Thema kommen

Sprich nicht frei – das macht einen so unruhigen Eindruck. Am
besten ist es: du liest deine Rede ab. Das ist sicher, zuverlässig, auch
15 freut es jedermann, wenn der lesende Redner nach jedem vierten
Satz misstrauisch hochblickt, ob auch noch alle da sind. Wenn du
gar nicht hören kannst, was man dir so freundlich rät, und du willst
durchaus und durchum frei sprechen … […] ja, also wenn du denn
frei sprechen musst:
20 Sprich, wie du schreibst. Und ich weiß, wie du schreibst.
Sprich mit langen, langen Sätzen […], die Nebensätze schön inein-
ander geschachtelt, so dass der Hörer, ungeduldig auf seinem Sitz
hin und her träumend, sich in einem Kolleg wähnend, in dem er
früher so gern geschlummert hat, auf das Ende solcher Periode
25 wartet … nun, ich habe dir eben ein Beispiel gegeben. So musst du
sprechen.
Fang immer bei den alten Römern an und gib stets, wovon du auch
sprichst, die geschichtlichen Hintergründe der Sache. […] Ich habe
einmal in der Sorbonne einen chinesischen Studenten sprechen
30 hören, der sprach glatt und gut französisch, aber er begann zu allge-
meiner Freude so: »Lassen Sie mich Ihnen in aller Kürze die Entwick-
lungsgeschichte meiner chinesischen Heimat seit dem Jahre 2000
vor Christi Geburt … « Er blickte ganz erstaunt auf, weil die Leute so
lachten.
35 So musst du das auch machen. Du hast ganz recht: Man versteht es
ja sonst nicht, wer kann denn das alles verstehen, ohne die geschichtlichen Hintergründe … sehr richtig! Die Leute sind doch
nicht in deinen Vortrag gekommen, um lebendiges Leben zu hören,
sondern das, was sie auch in den Büchern nachschlagen können …
40 sehr richtig! […]
Kümmere dich nicht darum, ob die Wellen, die von dir ins Publikum
laufen, auch zurückkommen – das sind Kinkerlitzchen. Sprich un-
bekümmert um die Wirkung, um die Leute, um die Luft im Saale;
immer sprich, mein Guter. […]
45 Du musst alles in die Nebensätze legen. Sag nie: »Die Steuern sind
zu hoch.« Das ist zu einfach. Sag: »Ich möchte zu dem, was ich soeben gesagt habe, noch kurz bemerken, dass mir die Steuern bei
weitem … « So heißt das. […]
Wenn du einen Witz machst, lach vorher, damit man weiß, wo die
50 Pointe ist.
[…] Zu dem, was ich soeben über die Technik der Rede gesagt habe,
möchte ich noch kurz bemerken, dass viel Statistik eine Rede immer
sehr hebt. Das beruhigt ungemein, und da jeder imstande ist, zehn
verschiedene Zahlen mühelos zu behalten, so macht das viel Spaß.
55 Kündige den Schluss deiner Rede lange vorher an, damit die Hörer
vor Freude nicht einen Schlaganfall bekommen. […] Kündige den
Schluss an, und dann beginne deine Rede von vorn und rede noch
eine halbe Stunde. Dies kann man mehrere Male wiederholen.
[…]
60 Sprich nie unter anderthalb Stunden, sonst lohnt es gar nicht erst
anzufangen.
Wenn einer spricht, müssen die andern zuhören – das ist deine
Gelegenheit! Missbrauche sie.

2. _____

_____

_____

3. _____

_____

4. _____

_____

5. _____

_____

6. _____

_____

7. _____

_____

8. _____

_____

3 Lies die zu ausführlichen Notizen zu einem Referat. Welche Wörter kannst du weglassen oder durch Abkürzungen/Zeichen ersetzen? Markiere. Fasse die Notizen möglichst knapp und übersichtlich zusammen.

> <u>Referat: Castingshows und ihre Auswirkungen</u>
> Das Referat geht um das Thema Castingshows und ob sie sich auf die Gesundheit auswirken
> Idee für das Thema des Referates
>   sehr viele sehen Shows → treffen sich mit Freunden und Familie, feste Zeiten; alle kennen die Shows
> Was haben die Shows mit unserer Gesundheit zu tun?
>   Blick auf Schönheitsideal: Frauen sind super schlank und haben lange Haare, Männer sind
>   sportlich und haben Muskeln – Ist aber nicht nur in den Shows so.
>   1. Shows sind Gesprächsstoff, die Shows sind soziales Element. Das erzeugt sozialen Druck
>   und keine Zeit für andere Hobbys
>   2. Aber: soziales Moment auch positiv: Diese Shows bringen Familien und Freunde zusammen
>   3. Starker Einfluss der Shows auf uns: erfolgreiche Teilnehmer haben Idol-Charakter, wir wollen
>   so sein, wie sie: schlank und schön, oder muskelbepackt
> Auswirkungen auf Jugendliche
>   Shows häufig Grund für viele, mit ihrem Aussehen nicht zufrieden zu sein. Bei Mädchen dann
>   häufig Auslöser für Magersucht, bei Jungen für übertriebenen Fitnesswahn
> Fazit: Wie sollen wir also mit den Shows umgehen? Was sind die Konsequenzen?
>   Mehr aufeinander achten, bei Problemen nicht wegsehen, sondern die Probleme ansprechen

Aussprache: Vorträge lebendiger gestalten

1a Hör den Anfang eines Vortrags. Achte darauf, welche Mittel die Sprecherin nutzt, damit das Publikum aufmerksam zuhört. Kreuz an, was dir auffällt.

24

1. ☐ Sie baut Pausen ein.
2. ☐ Sie arbeitet mit kurzen Fragen.
3. ☐ Sie lacht viel.
4. ☐ Sie betont wichtige Informationen.
5. ☐ Sie wiederholt wichtige Informationen.

6. ☐ Sie spricht unterschiedlich schnell.
7. ☐ Sie spricht mal leiser und mal lauter.
8. ☐ Sie baut Aufforderungen ein.
9. ☐ Sie fragt Personen direkt.

b Hör einzelne Sätze aus dem Vortrag noch einmal und markiere, wo die Sprecherin besonders betont, Pausen einbaut, mit Tempo oder Lautstärke arbeitet.

25

1. Wer denkt sich da nicht: „So will ich auch aussehen?"
2. Was denken Sie? Haben Sie eine Idee, warum das so sein könnte?
3. Ich verrate es Ihnen, die Antwort ist ganz einfach: Wir wollen gefallen. Allen und jedem.
4. „Stimmt doch gar nicht? Ist mir doch egal, was die anderen denken!"
5. Gäbe es dann Mode? Könnte Werbung erfolgreich sein?

c Steh auf. Hör noch einmal und sprich nach. Benutze auch deine Hände, um die Aussagen zu unterstützen. Wähle dann drei Sätze aus 1b aus und sprich sie.

2 Übe nun mit deinem Referat aus Modul 4, Aufgabe 4 im Kursbuch. Baue gezielt Pausen, Wiederholungen, kurze Fragen, besondere Betonungen, … ein. Übt dann zu zweit.

So schätze ich mich nach Kapitel 6 ein: Ich kann …	+	○	−
… einen längeren Radiobeitrag zum Thema „Placebo" verstehen. ▶M1, A2b–c	☐	☐	☐
… Beschreibungen einer Grafik verstehen und bewerten. ▶ÜB M2, Ü3b	☐	☐	☐
… Meinungen in einem Gespräch über Bioprodukte erkennen. ▶ÜB M3, Ü2	☐	☐	☐
… ein Referat über „Castingshows und ihre Auswirkungen" verstehen und Informationen für ein Handout ergänzen. ▶M4, A3b, c	☐	☐	☐
… einen komplexen Text über die Ernährungsgewohnheiten von Jugendlichen im Detail verstehen und schnell Einzelinformationen finden. ▶M2, A2a	☐	☐	☐
… einen komplexen Text über Vor- und Nachteile von Bioprodukten zusammenfassen. ▶M3, A1b	☐	☐	☐
… die Meinung eines Autors zum Thema „Castingshows" verstehen. ▶M4, A1c	☐	☐	☐
… einen ironischen Text verstehen und daraus ernst gemeinte Tipps ableiten. ▶ÜB M4, Ü2	☐	☐	☐
… die Kommentare eines Lehrers zu einem Handout für ein Referat zuordnen und analysieren. ▶M4, A3a	☐	☐	☐
… über die Wirkung von Placebos und Hausmitteln sprechen. ▶M1, A1b, A2d	☐	☐	☐
… über Ernährungsgewohnheiten sprechen und Gemeinsamkeiten und Unterschiede feststellen. ▶M2, A1	☐	☐	☐
… eine Grafik und deren wichtigste Aussagen beschreiben. ▶ÜB M2, Ü3d	☐	☐	☐
… über den Status und die Verbreitung von Bioprodukten in meinem Land sprechen. ▶M3, A1c	☐	☐	☐
… ein Referat zu einem Gesundheitsthema vorbereiten und halten. ▶M4, A4	☐	☐	☐
… bei Referaten Fragen, Anmerkungen und Einwände klar formulieren und darauf reagieren. ▶M4, A4c	☐	☐	☐
… in einem Text erläutern, was Personen oder Institutionen tun können, um Interesse an gesunder Ernährung zu wecken. ▶M2, A3	☐	☐	☐
… in einem Text Unterschiede und Vor- und Nachteile zwischen Bio- und nicht Bio-Produkten darlegen. ▶ÜB M3, Ü3	☐	☐	☐
… einen Kommentar zum Thema „Castingshows" verfassen. ▶M4, A2	☐	☐	☐
… zu ausführliche Notizen zu einem Referat knapp und übersichtlich zusammenfassen. ▶ÜB M4, Ü3	☐	☐	☐

Grammatik und Wortschatz weiterüben: interaktive Online-Übungen unter www.klett-sprachen.de/aspekte-junior/online-uebungen3

Wortschatz

Modul 1 **Zu Risiken und Nebenwirkungen …**

der Ansicht sein, dass _____ pharmazeutisch _____

den Eindruck haben, dass _____ das Placebo, -s _____

erleben _____ das Präparat, -e _____

eine Frage aufwerfen (wirft _____ spüren _____

    auf, warf auf, hat aufge- die Therapie, -n _____

    worfen) trösten _____

das Hausmittel, - _____ verunsichern _____

nachweisen (weist nach, _____ verwöhnen _____

    wies nach, hat nachge- die Wechselwirkung, -en _____

    wiesen) die Wirksamkeit _____

die Nebenwirkung, -en _____ der Wirkstoff, -e _____

Wörter, die für mich wichtig sind:

_____ _____ _____ _____

_____ _____ _____ _____

_____ _____ _____

Modul 2 **Fritten oder Früchte?**

die Abgrenzung, -en _____ die Mitsprache _____

assoziieren mit _____ im Mittelpunkt stehen _____

das Äußere _____   (steht, stand,

der Blickwinkel, - _____   hat gestanden)

dienen _____ muskulös _____

die Geborgenheit _____ zur Nebensache werden _____

die Geselligkeit _____ schätzen _____

geprägt sein von _____ teilhaben lassen an _____

einer Sache geschuldet sein _____ verfügbar _____

die Identifikation mit _____ vegan _____

sich identifizieren mit _____ das Wohlbefinden _____

die Identität, -en _____ der Zusammenhalt _____

die Mangelversorgung, -en _____

Wörter, die für mich wichtig sind:

_____ _____ _____ _____

_____ _____ _____ _____

_____ _____ _____ _____

Modul 3   Schmeckt's noch?

die Belastung, -en	_____
das Bioprodukt, -e	_____
düngen	_____
flächendeckend	_____
die Gentechnik, -en	_____
die Lebensmittel-sicherheit	_____
leichtfertig aufs Spiel setzen	_____
die Nahrungsmittelqualität	_____
das Pestizid, -e	_____
der Schadstoff, -e	_____
der Schimmel	_____

Sicherheit bringen/geben (bringt, brachte, hat gebracht) / (gibt, gab, hat gegeben)	_____
spritzen	_____
unbedenklich	_____
der/die Verbraucher/in, -/-nen	_____
etw. vergeht jdm. (vergeht, verging, ist vergangen)	_____
das Vertrauen	_____
der Verzehr	_____

Wörter, die für mich wichtig sind:

_____ _____ _____ _____
_____ _____ _____ _____
_____ _____ _____ _____

Modul 4   Alles nur Show?

Aufmerksamkeit auf sich ziehen (zieht, zog, hat gezogen)	_____
(sich) aufregen	_____
Auswirkungen haben auf	_____
befristet	_____
die Castingshow, -s	_____
durchstarten	_____
der Einfluss auf	_____
die Einschaltquote, -n	_____

jdn. für einen Job vorbereiten	_____
krampfhaft	_____
ein Schönheitsbild vermitteln	_____
der Schönheitswahn	_____
die Staffel, -n	_____
der Unterhaltungsfaktor, -en	_____
(rum)zicken	_____

Wörter, die für mich wichtig sind:

_____ _____ _____
_____ _____ _____

Recht so!

Diese Übungen bereiten dich auf das Kapitel vor.

1a Welche Begriffe passen zu welchem Bereich? Ordne zu. Es gibt mehrere Möglichkeiten.

der/die Angeklagte das Verfahren der Betrug das Geständnis die Beobachtung der Diebstahl die Ermittlung die Fahndung der Zeuge / die Zeugin die Fälschung die Geldbuße das Gesetz der Mord der Einbruch die Justiz das Revier die Klage die Erpressung die Fahrerflucht der Rechtsanwalt / die Rechtsanwältin das Urteil der Notruf der Raubüberfall die Haftstrafe der Richter / die Richterin die Sachbeschädigung die Festnahme der Staatsanwalt / die Staatsanwältin der/die Verdächtige die Verhaftung die Verhandlung das Verhör die Verteidigung die Körperverletzung

Polizei	Gericht	Straftat

b Ergänze passende Verben zu den Nomen.

1. der/die Verdächtige _____

2. die Ermittlung _____

3. die Flucht _____

4. die Verletzung _____

5. die Beobachtung _____

6. das Geständnis _____

7. der Diebstahl _____

8. der Schaden _____

9. der Zeuge / die Zeugin _____

10. die Fahndung _____

11. die Festnahme _____

12. die Beschädigung _____

c Ergänze Nomen und Verben aus 1b in der passenden Form.

Sascha T. – Sprayen mit Risiko

Der 17-jährige Sascha T. aus Berlin Tegel sprüht mit Begeisterung Graffiti. Leider nicht an Wände, die dafür legal freigegeben sind, sondern dort, wo es ihm gefällt. Zum Beispiel auf Berliner
5 S-Bahnen. Das ist verboten und gilt als _____ (1) von Eigentum. Die Polizei war ihm schon länger auf der Spur und hat ihn letzte Nacht auf frischer Tat ertappt. Sascha T. _____ (2) zunächst und wurde dabei von einer S-Bahn erfasst. Er _____ (3) sich nur leicht und wurde von der Polizei _____ (4).

10 **Über Dächer und Hauben**

Die Anwohner der Carmenstraße trauten am Morgen ihren Augen kaum: Ihre geparkten Autos sahen alle ähnlich demoliert aus. Beulen in den Dächern und auf den Motorhauben, kaputte Seitenspiegel und Kratzer im Lack. Was war passiert?
15 _____ (5) berichteten, dass Jugendliche in der Nacht über die Autos gelaufen und gesprungen waren und sich dabei gefilmt hatten. Schnell war klar, dass Jugendliche hier Parkour geübt haben, ohne die Folgen zu bedenken. Es entstand ein _____ (6) in Höhe von 18.000 Euro. Doch die Polizei musste nicht lange nach den Tätern _____ (7), da sich diese bald selbst meldeten und ihre Tat _____ (8).

20 **Glückliches Ende**

Die 18-jährige Schülerin Janina M. staunte nach ihrem Besuch auf dem Stadtfest am vergangenen Wochenende nicht schlecht. Gegen 22 Uhr bemerkte sie, dass man ihr Handy und ihren Geldbeutel aus ihrer Handtasche _____ (9) hatte. Kurz
25 darauf klingelte das Handy der Freundin, mit der sie unterwegs war. Ein Klassenkamerad rief an und fragte, ob Janina nicht etwas vermissen würde. Er und ein Freund hätten den Dieb _____ (10), die Polizei angerufen und den _____ (11) verfolgt. Nach 20 Minuten konnte der Mann gefasst werden und Janina konnte Handy und Geldbeutel auf dem Revier abholen. Gegen den Täter wird nun auch wegen anderer Straftaten _____ (12).

2 Was passt zusammen? Ordne so viele passende Verben wie möglich zu.

1. nach einem Täter
2. ein Urteil
3. einen Rechtsanwalt
4. ein Verbrechen
5. eine Haftstrafe
6. Hinweisen

1. nach einem Täter fahnden, …

absitzen	aufklären	beauftragen	beobachten
fahnden	fällen	folgen	verkünden	einschalten
nachgehen	suchen	untersuchen	verbüßen

Dumm gelaufen

1 **Klug oder dumm? Wo passen die Ausdrücke? Ordne zu.**

Stroh im Kopf haben   etw. in der Birne haben   nicht bis drei zählen können   helle sein

keine große Leuchte sein   hohl sein   Grips haben   nicht auf den Kopf gefallen sein

bescheuert sein   nicht von gestern sein   begriffsstutzig sein   ein Schwachkopf sein

klug	dumm

2a **Unpersönliches Passiv. Bilde aus den Aktivsätzen Sätze im Passiv mit *es*.**

1. Man diskutiert viel über die Ursachen von Kriminalität.

   Es wird viel über die Ursachen von Kriminalität diskutiert.

2. Man hat schon häufig über den Anstieg der Kriminalität in den Großstädten geredet.

   _____

3. Man berichtete oft darüber in den Medien.

   _____

4. Man denkt intensiv über Präventionsmöglichkeiten nach.

   _____

5. Man streitet über den Umgang mit jugendlichen Straftätern.

   _____

b **Forme die Sätze aus 2a so um, dass *es* entfällt.**

   1. Über die Ursachen von Kriminalität wird viel diskutiert.

c **Formuliere aus den Sätzen Nebensätze wie im Beispiel. Es gibt mehrere Möglichkeiten.**

~~Es wurde in mehreren Häusern eingebrochen.~~   Es wird intensiv nach den Tätern gefahndet.

Es wird von einer organisierten Bande ausgegangen.

Es wurde im Radio nach Zeugen gesucht.   Es wurde vor den Verdächtigen gewarnt.

1. In dem Artikel steht, *dass in mehreren Häusern eingebrochen wurde.* _____

2. Ich habe gehört, _____

3. Die Polizei sagt, _____

4. Unsere Nachbarin hat mir erzählt, _____

5. In der Zeitung steht auch, _____

3a Formuliere Passivsätze ohne *es* und achte dabei auf die Tempusform.

1. Man kann nicht alle Täter fassen.
2. Man musste in den vergangenen Jahren viele Fälle ohne Fahndungserfolg abschließen.
3. Die Polizei hat auch den letzten Überfall noch nicht vollständig aufklären können.
4. Man hat viele Zeugen befragen müssen.
5. Die Polizei hat endlich zwei Verdächtige festnehmen können.
6. Die Polizei hat die Hintermänner aber noch nicht ermitteln können.
7. Sie muss jetzt weitere Beweise sammeln.
8. Dann kann man die Täter festnehmen und vor Gericht bringen.

1. Nicht alle Täter können gefasst werden.

b Schreib die umgeformten Sätze 1–3 aus 3a als Nebensätze.

1. Es ist klar, dass _____

2. Eine traurige Tatsache ist, dass _____

_____

3. Leider ist es so, dass _____

_____

c Schreib Antworten wie im Beispiel.

1. Der Diebstahl wurde nicht angezeigt.

   Aber er hätte angezeigt werden müssen. _____

2. Die Zeugen wurden nicht befragt.

   _____

3. Die Spuren wurden nicht untersucht.

   _____

4. Die Fingerabdrücke wurden nicht überprüft.

   _____

d Schreib die Nebensätze im Passiv Konjunktiv II der Vergangenheit.

1. Die Presse schreibt, (der Fall – genauer – untersuchen – müssen)

   dass der Fall genauer hätte untersucht werden müssen. _____

2. In der Zeitung stand, (eine höhere Strafe – fordern – sollen)

   _____

3. Viele Leute denken, (gegen die steigende Kriminalität – früher – etwas – tun – müssen)

   _____

4. Andere meinen, (mit mehr Prävention – manche Straftaten – verhindern – können)

   _____

4a Lies den Artikel und ergänze die Sätze unten.

Aus Lust an der Lüge

Er behandelte und operierte – und flog nur durch einen anonymen Hinweis auf

Er war erst 29 Jahre alt, als er zwei Doktortitel vorweisen konnte und exakt 196 Operationen durchgeführt hatte. Dann war die Traumkarriere des Christian E. vorbei. Der Anfang vom Ende war ein anonymer Brief an die Polizei, der Ermittlungen auslöste. Ungeheuerliches kam zutage: Christian E. besaß ein Abiturzeugnis mit der Note 1,3,

5 eine Promotionsurkunde, die ihn zum Doktor der Medizin der renommierten Universität in Oxford machte, eine Approbationsurkunde der Regierung in Mittelfranken und obendrein eine Doktorurkunde der wirtschaftswissen-schaftlichen Fakultät der Uni Frankfurt.

Nach Angaben der Polizei waren alle Dokumente gefälscht, angeblich nicht einmal besonders gut, sondern sogar mit vielen Rechtschreibfehlern. Tatsächlich hat Christian E. die Realschule mit der Note „ausreichend" in den

10 Hauptfächern abgeschlossen und anschließend eine Lehre gemacht.

An der Uni Erlangen ergatterte er mithilfe eines gefälschten Abiturzeugnisses einen Studienplatz und studierte ein paar Semester Medizin. Das Studium brach er jedoch bald ab und bewarb sich mit zwei erfundenen Doktor-titeln als Assistenzarzt an der Uniklinik Erlangen – erfolgreich.

Über ein Jahr dauerte der persönliche Wahnsinn in Weiß von Christian E., bis ihn die Klinikleitung suspendierte.

15 Vom Landgericht Nürnberg-Fürth wurde er nun zu dreieinhalb Jahren Haft verurteilt – wegen Urkundenfälschung, Betrugs und Titelmissbrauchs. Vor Gericht gestand Christian E. alle Vergehen. Er sagte aus, dass er nicht mehr wisse, wann er begonnen habe, sein Umfeld zu belügen. Christian E. war dreist und überzeugend genug, um Familie, Freunde, Kollegen und Patienten zu täuschen. „Bei Hochstapeleien spielen häufig psychopathische Persönlichkeitsstörungen eine Rolle", erklärt Gerhard Stemmler, Professor für Psychologie an der Universität

20 Marburg. „Menschen, die daran leiden, stellen ihren eigenen Vorteil in den Mittelpunkt. Gefahren und Risiken für andere, wie sie bei falschen Ärzten ja durchaus vorkommen, spielen für diese Menschen keine Rolle." Wie durch ein Wunder kam durch die Behandlungen des falschen Arztes niemand zu Schaden.

1. Die Polizei kam dem Betrüger Christian E. nur aufgrund _____

   auf die Spur.

2. Christian E. hatte _____ gefälscht und so einen Studienplatz

   _____.

3. Auch mit seiner anschließenden _____ als Assistenzarzt hatte er Glück.

4. Das Landgericht Nürnberg-Fürth sprach jetzt sein Urteil: _____.

5. Zur Last gelegt wird Christian E.: _____.

6. Christian E. leugnete seine _____ nicht.

7. Ein Experte der Universität Marburg erklärte, dass für Menschen mit dem Krankheitsbild von Christian E.

   _____ nicht wichtig sind.

b **Was passt zusammen? Ordne zu und kontrolliere mit dem Artikel in 4a.**

1. ____ durch einen anonymen Hinweis
2. ____ Ermittlungen
3. ____ Dokumente
4. ____ zu dreieinhalb Jahren Haft
5. ____ ein Vergehen
6. ____ Freunde und Kollegen

a gestehen   d fälschen
b täuschen   e auslösen
c auffliegen   f verurteilen

TIPP Nutze die Texte, die du liest, um deinen Wortschatz zu erweitern. Schreib aus jedem Text zehn Wörter auf und kläre die Bedeutung. Versuche dann, die Wörter in anderen Kontexten zu verwenden.

1a Sieh die Grafik „Straffällige Jugend" im Kursbuch an. Welche Aussagen sind richtig? Kreuz an.

☐ 1. Die Kurve zeigt die Entwicklung der jungen Straffälligen bis 14 Jahren in Zahlen.

☐ 2. Seit dem Jahr 2008 ist die Zahl der verurteilten Jugendlichen nur schwach gesunken.

☐ 3. Im Jahr 2012 sind weniger als 100.000 Jugendliche straffällig geworden.

☐ 4. In der Gruppe der 14–20-Jährigen gehört Diebstahl zu den häufigsten Straftaten.

☐ 5. Raub und Erpressung stehen laut der Grafik im Jahr 2015 an Platz 2.

☐ 6. Die meisten verurteilten Jugendlichen erhielten 2015 eine Jugendstrafe.

b Korrigiert zu zweit die falschen Aussagen.

2 Stefan Weinmann wurde einer Straftat verdächtigt, die er nicht begangen hat, und muss bei der Polizei aussagen. Aus diesem Grund schreibt er heute zwei Nachrichten: eine E-Mail an seinen Freund Tim und einen Brief an den Rechtsanwalt Dr. Kramm.
Für die Aufgaben 1–10 fülle die Lücken. Verwende dazu eventuell die Informationen aus der ersten E-Mail. In jede Lücke passen ein oder zwei Wörter.

Hallo Tim,

du wirst nicht glauben, was mir gerade passiert ist.

Heute hatte ich spät noch Lust, zu joggen. Gegen 23:00 Uhr bin ich dann zum Stadtpark neben dem Schwimmbad gelaufen. Beim Schwimmbad rennen auf einmal zwei Typen an mir vorbei und verschwinden im Park. Ich habe noch gesehen, dass sie einen Rucksack dabei hatten. Aber sonst nichts Besonderes. Jogginghose, Kapuzenshirt, Sportschuhe. Ich laufe also weiter, dann höre ich schnelle Schritte und habe plötzlich eine Hand auf der Schulter. Ein Mann hinter mir sagt: „Polizei, stehenbleiben!" In einem Polizeiwagen werde ich zur nächsten Wache gebracht. Ich dachte, sie wollen mich als Zeugen vernehmen. Stattdessen folgen zwei Stunden Befragung zum Komplizen, zur Beute und zum Einbruch. Sie haben mich verdächtigt! Die Polizei hat die Situation total missverstanden, nur weil die Diebe fast so aussahen wie ich und ich zufällig zur gleichen Zeit da war. Gegen 2:00 Uhr konnte ich dann gehen, aber ich werde noch einmal befragt. Jetzt brauche ich Hilfe und möchte mir einen Anwalt suchen. Kennst du einen? Ruf mich morgen doch bitte gleich mal an.

Danke! Stefan

Sehr **(0)** Herr Dr. Kramm,

ich **(1)** mich heute an Sie, um Sie zu bitten, mich bei einer Aussage bei der Polizei zu unterstützen. Dabei geht es um einen Einbruch in das Schwimmbad am Stadtpark.

Als der Einbruch geschah, war ich in der **(2)** des Schwimmbads joggen. Ich habe die fliehenden Täter sogar gesehen. Sie trugen ganz **(3)** Kleidung wie ich und hatten einen Rucksack dabei. Kurz darauf hielt mich ein **(4)** an und ich wurde zur Wache gebracht. Die Polizei glaubte, ich sei einer der Täter und ich wurde nicht als Zeuge, sondern als **(5)** befragt. Nach zwei Stunden durfte ich die Wache zwar verlassen, man glaubt mir aber nicht, dass es sich um einen **(6)** handelt, dass ich zu dieser Zeit beim Schwimmbad war. In dieser Angelegenheit liegt ein großes **(7)** vor. Am 27. Juli werde ich ein **(8)** Mal von der Polizei zu diesem Einbruch befragt.

Jetzt hoffe ich, dass Sie mir dabei **(9)** können, meine Unschuld zu beweisen. Daher würde ich mich **(10)** einen Terminvorschlag für ein Vorgespräch mit Ihnen freuen.

Mit freundlichen Grüßen
Stefan Weinmannn

0 geehrter

Da lacht Justitia …

1a **Wie entsteht ein Gesetz? Hör den Podcast und ergänze das Schema für einen Vorschlag, den ein Bundesministerium macht.**

1. Dem Bundestag wird von einem Ministerium ein Vorschlag für _____

vorgelegt. Meist billigt die Bundesregierung den Vorschlag.

2. Der _____ leitet den Vorschlag weiter an den Bundesrat.

Der Bundesrat gibt seine _____ ab.

3. _____ im Bundestag:

→ Der Vorschlag wird diskutiert.

4. _____: Experten _____ und schlagen

_____ vor.

→ Empfehlung: Das Gesetz annehmen oder ablehnen

5. Zweite Lesung im _____: Alle Mitglieder besprechen den Entwurf

und den Bericht des Ausschusses.

6. Dritte Lesung: Der Bundestag entscheidet:

→ Gesetz wird _____ oder _____.

7. Der Bundesrat entscheidet bei zustimmungspflichtigen Gesetzen:

→ Gesetz wird verabschiedet oder abgelehnt.

Versuch, _____ zu finden

8. Der/Die Bundespräsident/in lässt das Gesetz ausfertigen und _____ es.

9. Das Gesetz wird vom zuständigen _____ bzw.

_____ unterschrieben. Danach unterschreibt der Bundeskanzler

bzw. die Bundeskanzlerin.

10. Der/Die Bundespräsident/in _____ das Gesetz. Jetzt ist es gültig.

b **Vergleiche mit deinem Partner / deiner Partnerin und hör noch einmal zur Kontrolle.**

2 **Wortschatz zum Thema „Gesetze entstehen". Ordne die Ausdrücke zu.**

eine erste Vorlage	Empfehlungen	einen gemeinsamen Kompromiss	eine Entscheidung

1. _____ gemeinsam treffen

2. _____ erstellen

3. _____ für alle Beteiligten finden

4. _____ geben

3a Forme die modalen Partizipien in Relativsätze um.

1. Die zu erwartende Kritik an den neuen Gesetzen interessiert viele Politiker nicht.
2. Während einige Personen in der Gesellschaft von den neuen Gesetzen profitieren werden, sehen manche auch schwer abzuschätzende Folgen.
3. Manche Bürger fragen sich, ob die neu zu verabschiedenden Gesetze auch sinnvoll sind.
4. Der Ausschuss hat die Aufgabe, die zu erwartenden Konsequenzen zu beschreiben.
5. Es ist Aufgabe des Fachausschusses, zu berücksichtigende Empfehlungen zu formulieren.
6. Das einzuhaltende Verfahren dauert vielen Menschen zu lang.

1. Die Kritik an den neuen Gesetzen, die erwartet werden kann, …

b Bilde aus den Relativsätzen modale Partizipien.

1. die Akte, die aufgehoben werden muss   *die aufzuhebende Akte*
2. das Gesetz, das beschlossen werden soll   _____
3. die Entwicklung, die aufgehalten werden muss   _____
4. die Taten, die vermieden werden können   _____
5. die Geldstrafe, die gezahlt werden muss   _____
6. die Sicherheitshinweise, die nicht missachtet werden dürfen   _____
7. die Wünsche, die erfüllt werden sollen   _____

4a Partizipien im Alltag. Ordne den Textteilen jeweils die passende Textsorte zu. Eine Textsorte passt zweimal.

| a Beipackzettel eines Medikaments | b Schulordnung | c Gerichtsbericht |
| d Hausordnung Jugendherberge | e Mitgliedervertrag Sportverein | |

1. _____ Für Zeugnisse besteht die Pflicht, dass die Unterlagen über einen Zeitraum von 40 Jahren verfügbar sein müssen. Die aufzubewahrenden Dokumente können in digitaler Form archiviert werden.

2. _____ Die einzunehmende Dosis richtet sich nach Alter und Gewicht des Patienten / der Patientin. Folgen Sie dazu den Anweisungen Ihres Arztes.

3. _____ Die Ordnung ist zu beachten. Arbeiten (Küchendienst, Aufräumen, etc.), die gemeinsam erledigt werden müssen, sind ohne weitere Aufforderung auszuführen.

4. _____ Die zu zahlenden Beiträge werden bis zum 30. jeden Monats fällig. In besonderen Fällen sind geänderte Zahlungsfristen zu vereinbaren. Beiträge für Fahrten zu Veranstaltungen oder in Stadien sind nicht enthalten.

5. _____ Das Resultat der Verhandlungen ist noch unklar. Die auszuwertenden Beweise und Aussagen waren sehr umfangreich.

6. _____ Im Falle von Feuer muss das Personal die Gäste auf Sicherheitsanweisungen hinweisen, die eingehalten werden müssen. Gäste und Personal sollen das Haus geordnet und ruhig verlassen.

b Forme die Relativsätze aus 4a in Sätze mit modalem Partizip um und umgekehrt.

Kriminell

1 Wie heißen die Wörter? Ergänze.

1. dort, wo eine Straftat passiert ist: der T ___ ___ ___ ___ t

2. damit wird ein Verbrechen begangen, z. B. eine Pistole: die ___ ___ ___ w ___ f ___ ___

3. Nachweis, dass jemand zur Tatzeit an einem anderen Ort war: das A ___ ___ b ___

4. Grund für eine Tat: das ___ ot ___ ___

5. Aussage, in der man zugibt, etwas Verbotenes getan zu haben: das G ___ st ___ ___ ___ ___ ___ s

6. anderes Wort für Verhaftung: die ___ e ___ ___ n ___ ___ m ___

7. Beleg, dass eine Aussage richtig ist: der B ___ w ___ ___ ___

2a Lies einen Auszug aus dem Roman „Erebos" von Ursula Poznanski und beschreib die Situation.

Plötzlich war da ein Ton. *Tocktock!* Ein Klopfen wie ein Herzschlag. Nick öffnete die oberste Schublade an seinem Schreibtisch, holte Kopfhörer hervor und schloss sie an seinen Computer an. Jetzt hörte er das Geräusch deutlicher und im Hintergrund meinte er, noch etwas anderes wahrzunehmen. Hörner, die kurze Tonfolgen spielten. Er musste an Jagdsignale denken. Es klang verheißungsvoll. So, als wäre im Hintergrund das Spiel in vollem Gange, ohne ihn. Er
5 drehte die Lautstärke höher und ärgerte sich, dass er auf die Idee mit den Kopfhörern nicht schon früher gekommen war. Vielleicht hatte er wichtige Informationen verpasst, Warnungen, Hinweise! Vielleicht hatte er den entscheidenden Tipp, wie man das Spiel zum Weiterlaufen brachte, überhört.

Mehr aus Ungeduld als in der Hoffnung, dass es die Dinge beschleunigen würde, hämmerte Nick auf die Enter-Taste.
10 Das Klopfen verstummte und nun schälten sich wieder die roten Buchstaben aus dem schwarzen Hintergrund.

»Dies ist Erebos. Wer bist du?«

Nick überlegte nicht lange. Er würde den gleichen Namen wählen, den er schon bei einigen anderen Computer-spielen verwendet hatte.

»Ich bin Gargoyle.«
15 »Nenne mir deinen Namen.«

»Gargoyle!«

»Deinen richtigen Namen.«

Nick stutzte. Wozu denn das? Okay, dann würde er einen Vor- und einen Nachnamen liefern, damit es endlich weiterging.
20 »Simon White.«

Der Name stand da, rot auf schwarz, und ein paar Sekunden passierte nichts. Nur der Cursor blinkte.

»Ich sagte: deinen richtigen Namen.«

Ungläubig starrte Nick auf den Bildschirm und hatte einmal mehr das Gefühl, als würde jemand zurückstarren. Er holte tief Luft und startete einen neuen Versuch.
25 »Thomas Martinson.«

Wieder blieb der Name einige Augenblicke lang unkommentiert stehen, bevor das Spiel antwortete.

»Thomas Martinson ist falsch. Wenn du spielen möchtest, nenne mir deinen Namen.«

Es gab keine vernünftige Erklärung dafür. Möglicherweise war es ein Softwarefehler und das Spiel würde über-haupt keinen Namen akzeptieren. Die Schrift verschwand, zurück blieb der rot blinkende Cursor. Plötzlich fürchtete
30 Nick, das Programm könnte abgestürzt sein oder sich bei der dritten falschen Antwort selbst sperren, wie ein Handy nach drei falschen PIN-Eingaben.

»Nick Dunmore.« Er tippte, halb in der Erwartung, dass auch die Wahrheit zurückgewiesen werden würde.

Stattdessen flüsterte das Programm ihm seinen eigenen Namen ins Ohr. »Nick Dunmore. Nick Dunmore. Nick. Dunmore.« Wieder und wieder wurden die Worte wie eine Parole von einem wispernden Wesen zum nächsten wei-
35 tergegeben. Der Willkommensgruß einer unsichtbaren Gemeinschaft.

Das Gefühl, beobachtet zu werden, war beängstigend, und Nick tastete nach den Kopfhörern, um sie sich von den Ohren zu ziehen. Doch die Schrift verschwand bereits, ebenso die Stimmen, und eine lockende Melodie setzte ein, ein Versprechen von Geheimnis und Abenteuer.

»Willkommen, Nick. Willkommen in der Welt von Erebos. Bevor du zu spielen beginnst, mache dich mit den
40 Regeln vertraut. Wenn sie dir nicht gefallen, kannst du das Spiel jederzeit beenden. Gut?«

Nick starrte auf den Bildschirm. Das Spiel hatte ihn beim Lügen ertappt. Wusste, wie sein richtiger Name lautete. Jetzt schien es, als warte es ungeduldig auf eine Antwort – das Blinken des Cursors wurde schneller und schneller.

»Ja«, tippte Nick, mit dem unbestimmten Gefühl, dass alles gleich wieder dunkel werden würde, wenn er sich zu viel Zeit ließ. Später, später würde er nachdenken.

45 »Schön. Hier ist die erste Regel: Du hast nur eine Chance, Erebos zu spielen. Wenn du sie vertust, ist es vorbei. Wenn deine Figur stirbt, ist es vorbei. Wenn du gegen die Regeln verstößt, ist es vorbei. Okay?«

»Okay.«

»Die zweite Regel: Wenn du spielst, achte darauf, allein zu sein. Erwähne niemals im Spiel deinen richtigen Namen. Erwähne niemals außerhalb des Spiels den Namen deines Spielcharakters.«

50 Wieso denn das?, dachte Nick. Dann erinnerte er sich, dass selbst Brynne, die noch nie von Zurückhaltung geplagt gewesen war, ihm nichts über Erebos verraten hatte. ›Es ist wahnsinnig cool, ehrlich‹ – das war alles gewesen.

»Okay.«

»Gut. Die dritte Regel: Der Inhalt des Spiels ist geheim. Sprich mit keinem darüber. Besonders nicht mit Unregistrierten. Mit Spielern kannst du dich, während du spielst, an den Feuern austauschen. Verbreite keine Informationen 55 in deinem Freundeskreis oder deiner Familie. Verbreite keine Informationen im Internet.«

Als ob du das mitbekommen würdest, dachte Nick und tippte »Okay«.

»Die vierte Regel: Bewahre die Erebos-DVD sicher auf. Du brauchst sie, um das Spiel zu starten. Kopiere sie auf keinen Fall, außer der Bote fordert dich dazu auf.«

»Okay.«

60 Kaum hatte Nick die Enter-Taste gedrückt, ging die Sonne auf. Jedenfalls fühlte es sich so an. Das Schwarz des Bildschirms wich einem zarten Rot, das kurz darauf in Gelb- und Goldtöne wechselte.

b Welche Regeln müssen bei dem Spiel „Erebos" beachtet werden?

c Wie gefällt dir dieser Textauszug? Hättest du Lust, das komplette Buch zu lesen?

d Ergänze die Buchkritik.

| Unterhaltungsroman | Sprachen | Hauptfigur | Jugendromane | Schauplatz | Mord | Preisen | Fiktion |

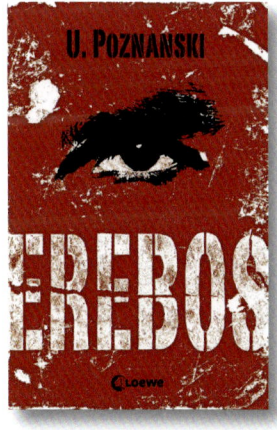

Erebos – ein Jugendroman. (1) _____ des Romans der Bestseller-autorin Ursula Poznanski ist eine Londoner Schule. Dort wird ein Computerspiel herumgereicht – Erebos. Wer einmal anfängt es zu spielen, kommt nicht mehr davon los. Außerdem müssen die Spieler strenge Regeln beachten: Man muss immer allein spielen, darf mit niemanden darüber sprechen und man hat nur eine Chance. Verstößt man gegen die Regeln oder erfüllt seine Aufgaben nicht, fliegt man raus und kann das Spiel nicht mehr starten. (2) _____ und Wirklichkeit verschwimmen bei dem Spiel, denn die Aufgaben müssen in der realen Welt erledigt werden. Auch die (3) _____ Nick ist süchtig nach dem Spiel, bis es ihm eines Tages befiehlt, einen (4) _____ zu begehen. Die Autorin, auch bekannt durch ihre (5) _____ „Saeculum" und „Die Verratenen" sowie durch ihre Thriller für Erwachsene: „Fünf" und „Blinde Vögel" befasst sich in ihrem Jugendbuchdebüt mit dem Thema Online-Rollenspiel. Ihr ist ein spannender (6) _____ gelungen, der sich mit den Gefahren der virtuellen Welten und deren Suchtpotenzial auseinandersetzt. Erebos wurde mehrfach mit (7) _____ ausgezeichnet, u. a. mit dem Deutschen Jugendliteraturpreis, und in mehr als dreißig (8) _____ übersetzt.

3 Sich einigen. Lies den Ausschnitt aus einem Gespräch und ordne die Redemittel zu.

a Ich würde vorschlagen, dass …

b Das halte ich für keine gute Idee, weil …

c Wärst du einverstanden, wenn …

d Ich fände es am besten, …

e Das klingt gut, aber …

f Super, dann machen wir es also so:

○ Also ich finde Lesungen super. (1) _____ wir Karten für die Lesung von Ursula Poznanski besorgen?

● (2) _____ die meisten aus unserer Klasse finden so eine Lesung wahrscheinlich langweilig. Das wäre doch schade, wenn man so viel Geld ausgibt und eigentlich gefällt es fast niemandem. (3) _____ wir alle zusammen ins Theater gehen.

○ (4) _____ im Moment wirklich nichts Interessantes läuft. Da müssten wir bis zur nächsten Saison warten und wir wollen doch jetzt einen Ausflug machen.

● (5) _____ an einer Krimi-Stadttour teilzunehmen. Da muss man in Gruppen einen Fall lösen und den oder die Täter finden. Ich habe gehört, dass das total Spaß machen soll. Da machen richtige Schauspieler mit und alles wirkt total echt. Ich bin mir sicher, dass das alle super finden.

○ Gute Idee! (6) _____ Wir suchen einen passenden Termin und dann buchen wir die Stadttour.

● Ja, genau. Und danach können wir ja noch zusammen ein Eis essen.

Aussprache: lange Komposita

1a Hör die Wörter und markiere die Wortakzente.

27

1. Zeuge – Aussage   2. Jugend – Kriminalität   3. Gesetz – Vorlage   4. Reise – Kosten

b Hör und notiere die Komposita der Wörter aus 1a. Hör noch einmal. Wo liegt die Hauptbetonung? Markiere das betonte Wort.

28

1. _____   3. _____

2. _____   4. _____

c Hör jetzt dreiteilige Komposita. Auf welchem Wort liegt die Hauptbetonung? Markiere.

29

1. Zeugenaussageprotokoll   3. Gesetzesvorlagentext

2. Jugendkriminalitätsrate   4. Reisekostenabrechnung

d Lange Komposita üben. Hör ein Kompositum aus vier Teilen von hinten nach vorne. Achte auf die Änderung bei der Hauptbetonung und ergänze die Regel.

30

die Gesetzesänderungsentscheidungsvorlage: die Vorlage – die Entscheidungsvorlage – die Änderungsentscheidungsvorlage – die Gesetzesänderungsentscheidungsvorlage

Bei zwei- oder dreiteiligen Komposita liegt die Hauptbetonung auf dem _____ Wortteil, also dem Bestimmungswort. Noch längere Komposita sind meistens aus mehreren Komposita zusammengesetzt. Die Betonung liegt dabei auf dem Wort, das die Hauptbedeutung trägt, und damit meistens auf dem ersten Wortteil des _____ Kompositums.

e Hör und sprich die Komposita nach.

31

1. das Wortschatzkarteikärtchen   3. der Kaffeeautomatenreparaturservice

2. die Treppenhausreinigungsordnung   4. der Fachausschusssitzungsraum

f Schreib eigene Komposita und übe die Aussprache. Wer (er)findet das schönste oder längste Kompositum in der Klasse?

So schätze ich mich nach Kapitel 7 ein: Ich kann …	+	○	–
… in einer Radiodiskussion Aussagen verschiedener Sprecher zu Ursachen, zur Vermeidung und zu Gründen für den Rückgang von Jugendkriminalität verstehen. ▶M2, A3a–c	☐	☐	☐
… einen Podcast zum Thema „Wie ein Gesetz entsteht" verstehen und wichtige Informationen notieren. ▶ÜB M3, Ü1a	☐	☐	☐
… ein Krimi-Hörspiel verstehen. ▶M4, A3	☐	☐	☐
… Zeitungsmeldungen über absurde Kriminalfälle verstehen und darüber berichten. ▶M1, A1a	☐	☐	☐
… Vorschriften und Gesetze, über die in einem Magazinbeitrag berichtet wird, verstehen. ▶M3, A2b	☐	☐	☐
… zu einem Text über Krimis Notizen machen, diese austauschen und Aussagen ergänzen. ▶M4, A2a–c	☐	☐	☐
… einen literarischen Text verstehen. ▶ÜB M4, Ü2a, b	☐	☐	☐
… Aussagen zu Informationen aus einer Grafik zum Thema „Jugendkriminalität" formulieren. ▶M2, A2b	☐	☐	☐
… in einer Diskussion über sinnvolle Maßnahmen zur Verringerung und Vermeidung von Jugendkriminalität meinen Standpunkt vertreten und anderen Meinungen widersprechen. ▶M2, A4	☐	☐	☐
… über die Einstellung eines Autors / einer Autorin und über die eigene Einstellung zu den genannten Gesetzen und Regeln aus einem Magazinbeitrag sprechen. ▶M3, A2c	☐	☐	☐
… darüber berichten, ob und warum ich Krimis (nicht) mag. ▶M4, A1a	☐	☐	☐
… über verschiedene Vorschläge für einen Klassenausflug diskutieren und zu einer Einigung kommen. ▶M4, A5	☐	☐	☐
… eine Zusammenfassung zu einem Zeitungsartikel schreiben. ▶M4, A2d	☐	☐	☐
… ein Krimi-Hörspiel schreiben. ▶M4, A4	☐	☐	☐

Das habe ich zusätzlich zum Buch auf Deutsch gemacht (Projekte, Internet, Filme, Lesetexte, …):

Datum: Aktivität:

_____ _____

_____ _____

_____ _____

_____ _____

_____ _____

Grammatik und Wortschatz weiterüben: interaktive Online-Übungen unter www.klett-sprachen.de/aspekte-junior/online-uebungen3

Wortschatz

Dumm gelaufen

die Beute	_____	schusselig	_____
die sturmfreie Bude	_____	die Tarnung, -en	_____
der/die Einbrecher/in, -/-nen	_____	die Überwachungs-	_____
erbeuten	_____	kamera, -s	
die Fahndung, -en	_____	ungeschickt	_____
fassen	_____	das Urteil, -e	_____
festnehmen (nimmt fest,	_____	in ein Gespräch verwickeln	_____
nahm fest, hat fest-		die Verhaftung, -en	_____
genommen)		verzögern	_____
geistesgegenwärtig	_____	wachsam	_____
knacken	_____	sich zu helfen wissen (weiß,	_____
missglücken	_____	wusste, hat gewusst)	

Wörter, die für mich wichtig sind:

_____   _____   _____   _____

_____   _____   _____   _____

_____   _____   _____   _____

_____   _____   _____   _____

Jugendsünden?!

der Arrest, -e	_____	der Raub	_____
der Betrug	_____	das Recht, -e	_____
das Delikt, -e	_____	der Rückgang, -"e	_____
entgegenwirken	_____	die Strafe, -n	_____
erstaunlich	_____	straffällig	_____
die Körperverletzung, -en	_____	die Straftat, -en	_____
präventiv	_____		

Wörter, die für mich wichtig sind:

_____   _____   _____   _____

_____   _____   _____   _____

_____   _____   _____   _____

_____   _____   _____   _____

Modul 3 Da lacht Justitia …

der Ausschuss, -"e	_____	einführen	_____
abstimmen über	_____	erwarten	_____
befolgen	_____	der/die Gesetzgeber/in,	_____
beschließen (beschließt,	_____	-/-nen	
beschloss, hat		gültig	_____
beschlossen)		die Rechtsprechung, -en	_____
der Bundestag	_____	die Regelung, -en	_____
der Bundesrat	_____	vorlegen	_____
die Bürokratie, -n	_____	die Vorschrift, -en	_____
das Detail, -s	_____		

Wörter, die für mich wichtig sind:

_____ _____ _____ _____

_____ _____ _____ _____

_____

Modul 4 Kriminell

großen Anklang finden	_____	nebensächlich	_____
(findet, fand, hat		der Nervenkitzel	_____
gefunden)		der Schauplatz, -"e	_____
sich seinen Ängsten stellen	_____	eine andere Sicht der Dinge	_____
die Auflösung	_____	etw./jdm. auf der Spur sein	_____
erscheinen (erscheint,	_____	(bin, war, ist gewesen)	
erschien, ist erschienen)		überschaubar	_____
die Kassen klingeln lassen	_____	überwiegen (überwiegt,	_____
(lässt, ließ, hat gelassen)		überwog, hat über-	
kitschig	_____	wogen)	
einen Kick geben (gibt,	_____	die Vielfalt	_____
gab, hat gegeben)			

Wörter, die für mich wichtig sind:

_____ _____ _____ _____

_____ _____ _____ _____

_____ _____ _____ _____

Du bist, was du bist

Diese Übungen bereiten dich auf das Kapitel vor.

1a Notiere zu den Nomen den bestimmten Artikel und ein Adjektiv.

1. _die_ Seele   _seelisch_
2. _____ Körper   _____
3. _____ Geist   _____
4. _____ Herz   _____
5. _____ Verstand _____
6. _____ Psyche   _____
7. _____ Sinn   _____
8. _____ Vernunft _____
9. _____ Traum   _____
10. _____ Talent   _____

11. _____ Psychologie   _____
12. _____ Charakter   _____
13. _____ Glück   _____
14. _____ Abenteuerlust _____
15. _____ Neugier   _____
16. _____ Überzeugung _____
17. _____ Gefühl   _____
18. _____ Empfindung _____
19. _____ Ängstlichkeit _____
20. _____ Aberglaube _____

b Ergänze Adjektive aus 1a. Manchmal gibt es mehrere Möglichkeiten.

1. Auf dem letzten Berufsinformationstag für Psychologie erhielten viele angehende Studenten und Studentinnen einen Einblick in zukünftige Tätigkeitsfelder, die ganz _____ erklärt wurden.

2. Die Besucher wurden _____ begrüßt.

3. Ein Psychologe hielt einen Vortrag über Menschen, die _____ Probleme haben.

4. Es ist wichtig, sich durch Sport _____ fit zu halten.

5. Über das Thema wurde ausgiebig diskutiert, wobei nicht alle Argumente _____ waren.

2 Ordne die Adjektive in die Tabelle ein.

deprimiert   sorgenfrei   froh   niedergeschlagen   mutlos   lebenslustig verzweifelt   dynamisch   vergnügt   entmutigt   zufrieden   geknickt

positiv	negativ

3 Welches Wort passt nicht in die Reihe? Streiche es durch.

1. begreifen – erfassen – verstehen – sich auskennen
2. der Unterricht – die Prüfung – der Kurs – die Schulung
3. fühlen – reagieren – empfinden – spüren
4. vernünftig – geistesabwesend – unkonzentriert – zerstreut
5. sich entwickeln – heranwachsen – herankommen – heranreifen
6. ängstlich – ehrlich – furchtsam – schreckhaft
7. überblicken – überlegen – nachdenken – grübeln
8. das Beispiel – die Theorie – die These – die Behauptung
9. deprimiert – einsam – niedergeschlagen – bedrückt

4 Welche Bedeutung passt? Formuliere Sätze wie im Beispiel.

kaputt gehen	~~leidenschaftlich gern~~
sich bestens verstehen	über ihre Probleme sprechen
sehr laut und lang schreien	jdm. auf die Nerven gehen
ein sozialer und gutmütiger Mensch	sehr

1. Er spielt mit Leib und Seele Fußball.

   Er spielt leidenschaftlich gern Fußball.

2. Das kleine Kind schreit sich vor Wut die Seele aus dem Leib.

   _____

3. Der Baulärm vor unserem Haus geht mir auf den Geist.

   _____

4. Ich habe gestern lange mit meiner Freundin telefoniert. Sie hat sich einiges von der Seele geredet.

   _____

5. Sie liebt ihn aus tiefstem Herzen.

   _____

6. Markus kann das nicht gewesen sein! Er ist eine Seele von Mensch.

   _____

   _____

7. Heute Morgen hat mein Handy den Geist aufgegeben.

   _____

   _____

8. Ich habe zwei Freundinnen, die Zwillinge sind. Sie sind ein Herz und eine Seele.

   _____

Wusstet ihr schon …?

1 **Ordne die Bedeutungen zu.**

1. ____ einer Frage nachgehen
2. ____ der Proband
3. ____ sich abspielen
4. ____ demnach
5. ____ dutzende
6. ____ verblüffend
7. ____ vor der Glotze sitzen
8. ____ eine Studie durchführen
9. ____ sich zeigen
10. ____ schädigen

a überraschend
b herauskommen, deutlich werden
c negative Auswirkungen haben
d versuchen, etw. herauszufinden
e eine wissenschaftliche Untersuchung machen
f geschehen, ablaufen
g die Testperson
h etliche
i also, folglich
j fernsehen

2 **Du hörst jetzt eine Radiosendung zum Thema „Das Auge isst mit!". Ergänze beim Hören die Sätze 1–10 mit den gehörten Ausdrücken. Schreib nicht mehr als vier Wörter pro Satz.**

1. Frau Dr. Weidmann ist am Institut

   _____ an

   der Universität Greifswald tätig.

2. Neben dem Geschmack spielen bei der Wahrnehmung

   von Speisen _____

   und _____ eine große

   Rolle.

3. Ein _____ Teller lässt uns

   glauben, dass die Speise süßer schmeckt.

4. Rote Teller reduzieren _____.

5. Für den Geschmack ist auch _____

   des Essens wichtig.

6. Auf unseren Tellern sollte _____

   und _____ herrschen.

7. In _____ symbolisiert

   eine gerade Anzahl von Dingen auf den Tellern

   Harmonie.

8. Für westliche Küchenchefs ist es wichtig, _____ auf den Tellern

   zu platzieren.

9. Musik hat Auswirkungen auf den _____.

10. Bei Musik mit höherer Frequenz schmeckt das Essen _____.

3 Formuliere die Sätze mit *wollen* und *sollen*. Achte auf das Tempus sowie auf Aktiv und Passiv.

Das sagt Prof. Braun über sich:
1. Ich habe schon viele Forschungen durchgeführt.
2. Ich habe viele Medikamente entwickelt.
3. Ich werde oft von den Medien interviewt.
4. Ich wurde schon oft von ausländischen Universitäten als Gastdozent eingeladen.

Das sagen seine Patienten und Probanden:
5. Er ist ein sehr guter Forscher.
6. Er wurde für seine Forschungen ausgezeichnet.
7. Er redet aber auch sehr gern von sich.
8. Er hat nie ausreichend Zeit für seine Patienten.

1. Er will schon viele Forschungen durchgeführt haben.

4a Markiere in den Sätzen die Umschreibungen für das Modalverb *wollen*. Welche Umschreibungen stehen für den objektiven Gebrauch, welche für den subjektiven?

1. Sein Ziel war es immer, Arzt zu werden.   _objektiv_

2. Er hatte die Absicht, ein eigenes Labor zu eröffnen.   _____

3. Er berichtete oft, dass er in der Schule nicht immer der beste Schüler war.   _____

4. Er hatte vor, gleich nach dem Studium mit seiner Promotion zu beginnen.   _____

5. Er behauptete, dass er von seiner Familie keine Unterstützung bekommen hat.   _____

  b Schreib die Sätze aus 4a mit *wollen* im Perfekt.

1. Er hat immer Arzt werden wollen.

5 Schreib Dialoge mit *sollen* wie im Beispiel.

Unser Trainer / genervt // in den letzten Tagen / viel arbeiten

A: Sag mal, was ist denn mit unserem Trainer los? Er ist so genervt.
B: Ich weiß es nicht genau, er soll in den letzten Tagen viel gearbeitet haben.

1. Tom / gestresst // in der letzten Woche / drei Tests schreiben
2. Die neue Mathelehrerin / plötzlich so gut drauf // vorige Woche / ihre Hochzeit feiern
3. Anna / fit // seit Januar / ins Sportstudio gehen
4. Unser Hausmeister / gestresst // am Wochenende / Feueralarm in der Schule geben

6 Forme die Sätze in eine Behauptung um. Benutze die Modalverben *sollen* und *wollen*. Achte auf das Tempus.

1. Der Wissenschaftler behauptet, dass er mehrere Studien durchgeführt hat.
2. Die Klinik gab bekannt, dass ein neuer Operationssaal gebaut wird.
3. In der Zeitung stand, dass ein neues Medikament gegen Malaria entwickelt wurde.
4. Der Forscher behauptet in dem Artikel, dass er mehrere Beweise für seine Entdeckung hat.
5. Die Nachrichten meldeten, dass ein neues Virus gefunden wurde.

1. Der Wissenschaftler will mehrere Studien durchgeführt haben.

Vom Glück

1a Glücklich oder nicht? Was bedeuten die Nomen? Ordne sie den passenden Beschreibungen zu.

a die Glückssträhne	b der Pechvogel	c die Glückssache	d der Glückspilz
	e das Anfängerglück	f der Trauerkloß	g das Glücksspiel

1. _____ Wenn jemand sehr viel Glück hat, dann ist er ein …

2. _____ Wenn man über eine längere Zeit Glück hat, dann hat man gerade eine …

3. _____ Jemand, der in mehreren Situationen kurz nacheinander kein Glück hat, ist wirklich ein …

4. _____ Wenn eine Person unglücklich und mit schlechter Laune herumsitzt, dann ist er ein …

5. _____ Ob etwas gut oder nicht gut ausgehen wird, bestimmt das Glück. Ob ich im Urlaub nette

   Menschen treffe, ist also …

6. _____ Im Casino spielen die Besucher viele …

7. _____ Wenn jemand etwas Neues probiert und das gleich gut funktioniert, dann ist das kein Können,

   sondern …

b Vergleicht eure Ergebnisse in der Klasse. Gibt es in
eurer Sprache ähnliche Wörter zum Thema (Un)Glück?

c Seht den Cartoon zu zweit an. Welche Wünsche stehen
hinter dem Cartoon? Womit würden sich die drei
Ministerien beschäftigen? Sammelt Ideen und
vergleicht in der Klasse.

2 Lies die folgende Zusammenfassung zum Vortrag im
Kursbuch, Aufgabe 2a. Der Text enthält 18 Fehler in
Grammatik, Wortschatz, Rechtschreibung oder
Zeichensetzung. Pro Zeile gibt es nur einen Fehler.
Manche Zeilen sind korrekt. Wenn du einen Fehler
gefunden hast, schreib deine Korrektur rechts neben die
Zeile. Wenn die Zeile korrekt ist, mach ein Häkchen (✓).

0	**Vortag: Über das Glück**	*Vortrag*
1	In ihrem Vortrag behandelte Dr. Marc Lehmann eine wichtige	_____
2	Empfindung, die wir alles kennen: das Glück. Obwohl wir als Kinder nur	_____
3	selten über das Glück nachdenken, wird das Glück im Laufe unseres Lebens	_____
4	immer wichtiger. Manche Mensch suchen sogar intensiv nach dem Glück	_____
5	und sehen darin ihr Lebenszeil.	_____
6	Zunächst zeigte Dr. Lehmann auf dass Glück in unserem Gehirn entsteht.	_____
7	Unerwartet positive Erlebnisse sind von allem für das Glücksgefühl	_____
8	verantwörtlich. Sie lösen den Glücksstoff Dopamin aus, der unsere	_____
9	Neuronen Stoffe produzieren lässt, die uns euphorisch machen. zur gleichen	_____
10	Zeit merkt sich das Gehirn, das uns gerade glücklich gemacht hat.	_____

11 Neben unseren Genen spielen auch äußere Bedingungen und _____

12 Lebensumstände eine Rolle damit, ob und wie wir Glück empfinden. Die _____

13 Bereiche, die wir selbst beeinflussen können, sind dabei besonders wichtig. _____

14 Die UNO hat festgestellt, dass bereit die Befriedigung sehr elementarer _____

15 Bedürfnisse stark zum Glücksempfinden beitreten. Aber auch Familie, _____

16 Gesundheit, soziale Kontakte und Geld wird als weitere Faktoren genannt. _____

17 Geld, so Lehmann, spielt aber nur dann eine Rolle, weshalb es die _____

18 wichtigsten Dinge im Leben absichert. Reichtum oder Luxus tragen nicht _____

19 zum Glück bei. Was aber in jeden Fall das Empfinden von Glück fördert, ist _____

20 körperliche und geistige Aktivität. Sich fit halten und im Altag immer _____

21 wieder Neues erleben, macht stark mutig und glücklich. Das dauernde _____

22 Suchen nach Glück ist, so Lehmann, Zeitverschwendung. Daher rät er zum _____

23 Schluss dazu, dieser Zeit lieber in mehr Entspannung und Gelassenheit zu _____

24 investieren. _____

3a Ordne die Redemittel in die Rubriken „über Erfahrungen berichten" (E), „Zustimmung ausdrücken" (Z) und „Ablehnung ausdrücken" (A). Notiere.

Zu dem Thema bin ich ganz anderer Meinung, nämlich … ____   Mir ist völlig unklar, ob … ____

Ich habe die Erfahrung gemacht, dass … ____   Ich kann diese Ansicht gut verstehen, denn … ____

Dieser Aussage würde ich entgegenhalten, dass … ____

… halte ich für problematisch. ____   Wenn ich mein Umfeld ansehe, dann … ____

Die Sichtweise würde ich unterstützen, denn … ____   In meiner Familie ist es so, dass … ____

… stimme ich zu. ____   Ich fände es logischer, … als Konsequenz daraus zu ziehen. ____

In meiner Kindheit war es so, dass … ____   Es ist doch eher so, dass … ____

Ich habe noch nie / oft erlebt, dass … ____   Ich vertrete auch die Position, dass … ____

TIPP

Auf Forumsbeiträge reagieren

In Foren werden die Leserinnen und Leser mit unterschiedlichen Meinungen konfrontiert. Antworte kurz und sachlich aus deiner Sicht. Begründe deine Meinung, um neue Aspekte in die Diskussion zu bringen. Beachte, wie bei anderen Internet-Beiträgen auch, die Netiquette. Was du schreibst, sollte deine Meinung ausdrücken, aber auch die Meinungen anderer respektieren. Dazu gehört Höflichkeit, Sachlichkeit und Toleranz.

b Welche Ansicht vertrittst du? Ergänze die Aussagen.

1. Um Glück zu empfinden, muss man …
2. … halte ich für wichtig, um das Glücksgefühl zu fördern.
3. Wer nie …, wird nur selten glücklich sein.
4. Ich würde gerne einmal ausprobieren, ob …
5. Wenn Glück ein Fach in der Schule wäre, dann …

c Vergleiche deine Lösungen mit einem Partner / einer Partnerin und wählt gemeinsam die besten fünf Aussagen. Lest dann in Gruppen vor.

Ernst Fritz-Schubert
Wolf-Thorsten Saalfrank
Malte Leyhausen (Hrsg.)

PÄDAGOGIK praxis

Praxisbuch Schulfach Glück

Grundlagen und Methoden

BELTZ

Wo ist das Problem?

1a Ordne die Modalwörter in die Tabelle ein. In jede Gruppe passen zwei.

vielleicht	bestimmt	vermutlich	zweifellos	wahrscheinlich	möglicherweise

Grad der Sicherheit		
NIEDRIG ——————————————————————➤ HOCH		

b Sieh dir die Situationen an. Formuliere mithilfe der Modalwörter Vermutungen.

1. Die Schüler haben vermutlich hitzefrei.

2 Ordne den Ausdrücken 1–6 die passende Umschreibung a–f zu.

1. _____ in der Schule nachlassen

2. _____ jdn. ausgrenzen

3. _____ sich zurückziehen

4. _____ etw. überspielen

5. _____ etw. in Betracht ziehen

6. _____ sich in eine andere Rolle versetzen

a von etw. ablenken, damit es anderen nicht bewusst wird
b sich in die Lage einer anderen Person hineindenken
c etw. für möglich halten, etw. berücksichtigen
d nicht mehr an sozialen Aktivitäten teilnehmen
e schwächere Leistungen erzielen
f aus einer Gruppe ausschließen

3 Schreib die Sätze, ohne dabei Modalverben zu benutzen. Schreib je zwei Varianten.

1. Die Zuhörer könnten mit ihrer Vermutung über Phillip recht haben.
2. Phillip dürfte die Matheklausur nicht geschafft haben.
3. Phillips Mitschüler können Mobbing nicht gut finden.
4. Das Problem in der Klasse dürfte nicht so schnell gelöst werden.
5. Der Mobbingvorfall muss der Schulleitung längst gemeldet worden sein.
6. Das Gespräch mit den Eltern dürfte längst stattgefunden haben.
7. Der Termin für das Anti-Mobbing-Projekt könnte verlegt worden sein.
8. Den Lehrern muss das Problem längst bekannt sein.

1. Es ist möglich, dass die Zuhörer mit ihrer Vermutung über Phillip recht haben.
Vielleicht haben die Zuhörer mit ihrer Vermutung über Phillip recht.

4 Schreib die Sätze neu. Benutze jeweils ein Modalverb.

1. Vermutlich hat Phillip gestern einen schlechten Test geschrieben.

   Phillip dürfte gestern einen schlechten Test geschrieben haben.

2. Es ist nicht ausgeschlossen, dass er gemobbt wird.

   _____

3. Alles deutet darauf hin, dass er auch bestohlen worden ist.

   _____

   _____

4. Ich nehme an, dass es ihm nach einem Schulwechsel besser geht.

   _____

5. Phillip ist bestimmt nicht psychisch krank.

   _____

6. Es sieht so aus, als ob sich Phillips Noten wieder verbessern.

   _____

7. Ich glaube, dass er die Schule erfolgreich absolvieren wird.

   _____

8. Möglicherweise wechselt er die Schule nach dem Mobbingvorfall.

   _____

9. Wahrscheinlich findet er neue Freunde.

   _____

10. Alle Anzeichen sprechen doch dafür, dass er wieder ein guter Schüler wird.

    _____

5 Formuliere für die Situationen in 1b Vermutungen mit Modalverben.

1. Die Schüler könnten hitzefrei bekommen haben.

_____

_____

_____

1 Lies den Bericht über die Brüder Hansen und Paul Höppner, die mit ihren Fahrrädern von Berlin bis Shanghai gefahren sind. Wähle beim Lesen bei den Aufgaben 1-10 die Wörter (a, b, c oder d), die in den Satz passen. Es gibt nur eine richtige Antwort.

Einmal bis nach Shanghai

Die Zwillinge Hansen und Paul Höppner hatten sich ein ganz besonderes Ziel (0): Einmal mit dem Fahrrad von Berlin bis nach China, genauer bis nach Shanghai zu fahren. Sie haben das Abenteuer (1) und wollten Situationen erleben, die man nicht vorhersehen kann. Für die 13.600
5 Kilometer quer durch Russland, Kasachstan und Tibet waren sie auf ihren Drahteseln sechs Monate unterwegs. Warum sind sie (2) mit dem Fahrrad gefahren? Dafür gab es viele Gründe: Zum einen kann ein Fahrrad einige Kilo Gepäck, Wasser und Lebensmittel transportieren. So viel, dass man auch eine Wüste durchqueren kann. Zu Fuß
10 (3) das unmöglich. Hinzu kommt, dass ein Fahrrad im Gegensatz zu einem Auto leicht zu reparieren ist. Die Technik ist einfach und man ist (4) von Werkstätten oder komplizierter Elektronik. Die Tatsache, dass sie mit dem Fahrrad viel mehr wahrnehmen, als wenn sie die Strecke mit dem Auto zurücklegen würden, ist den Brüdern ganz besonders
15 wichtig gewesen. So haben sie viele Menschen getroffen und sind mit ihnen (5) gekommen. Manchmal mit Worten, manchmal mit Händen und Füßen. Die Landschaften haben sie Stück für Stück erobert. Die Zwillinge berichten, dass der Übergang zwischen den Kulturen wegen ihres eher gemütlichen Tempos fließend war. Sie hatten genug Zeit.
20 (6) konnten sie das Erlebte und alle Veränderungen auch gut verarbeiten. Neben der beeindruckenden Schönheit der Natur haben die beiden immer wieder die Menschen (7). Sie berichten in Interviews von deren Freundlichkeit und Fröhlichkeit, (8) es auch Probleme oder Missverständnisse bei der Kommunikation gab. Insgesamt waren es aber die vielen positiven Eindrücke, die den Zwillingen auch über die Härten in ihrer Tour hinweg (9) haben. Ohne Komfort, oft allein und
25 manchmal auch krank – das machte die (10), Tag für Tag auf das Fahrrad zu steigen, nicht immer einfach. Aber es war eine gute Schule fürs Leben, sagen die beiden.

Beispiel: (0)

a bekommen   **Lösung: d**

b erreicht

c festgestellt

☒ gesetzt

1	3	5	7	9
a erlebt	a wäre	a ins Gespräch	a fasziniert	a geführt
b gefunden	b wird	b zur Arbeit	b geschaut	b geholfen
c gesucht	c wurde	c nach Hause	c gestaunt	c geholt
d vermieden	d würde	d zur Ruhe	d verändert	d getragen

2	4	6	8	10
a ausgerechnet	a angewiesen	a Dagegen	a obwohl	a Entscheidung
b ausgewählt	b selbstständig	b Darauf	b trotzdem	b Erinnerung
c außerdem	c unabhängig	c Denn	c weil	c Erkenntnis
d unbedingt	d unbeteiligt	d Deshalb	d wenn	d Erwartung

b **Lies den Text noch einmal. Was passt zusammen? Ordne zu.**

1. ____ Paul und Hansen Höppner haben die Tour gemacht, …

2. ____ Das Fahrrad erschien ihnen als das passende Transportmittel, …

3. ____ Die Tour mit einem Auto zu fahren hätte bedeutet, …

4. ____ Sie konnten alle Eindrücke gut verarbeiten, …

5. ____ Auch wenn es manchmal Schwierigkeiten in der Kommunikation mit anderen Menschen gab, …

6. ____ Nach der Reise überwiegen bei den Brüdern die positiven Erinnerungen, …

a … dass sie viel weniger von ihrer Umgebung mitbekommen hätten.

b … sind viele von ihnen sehr freundlich gewesen.

c … da sie sich bei einem Schaden leicht selbst helfen könnten.

d … obwohl sie auf ihrer Tour auch Unangenehmes in Kauf nehmen mussten.

e … denn sie sind eher langsam vorangekommen.

f … weil sie Lust auf unbekannte Erlebnisse und Momente hatten.

2a **Laras Grenzen. Lies den Text und ergänze die Ausdrücke in der richtigen Form.**

an seine Grenzen stoßen   seine Grenzen kennen   seine Grenzen überwinden   sich in Grenzen halten

Laras Begeisterung für die Schule _____ _____ _____ _____ (1). Sie findet ihre Hobbys viel interessanter. Sie begeistert sich für Sport, besonders fürs Klettern. Sie ist in jeder freien Minute draußen in den Bergen. „Die Natur bietet mir immer neue Herausforderungen. Manchmal ist der Weg schwer und ich gehe an mein Limit. Aber wenn ich es geschafft habe, bin ich stolz darauf, dass ich _____ _____ _____ _____ (2). Ein super Gefühl. Andererseits muss ich manchmal auch abbrechen, weil es zu gefährlich ist. Man muss _____ _____ _____ (3), das ist beim Klettern lebenswichtig. In der Schule _____ ich leider sehr oft _____ _____ _____ (4), aber auch das bekomme ich noch hin." Am liebsten würde Lara die Schule so schnell wie möglich abschließen und ihr Hobby zum Beruf machen.

b **Was passt zusammen? Ordne den Aussagen das passende Adjektiv zu.**

überrascht feige ängstlich schockiert peinlich eklig

1. Im Survival-Camp konnte ich mich nicht überwinden, Insekten zu probieren. Das war so _____.

2. Normalerweise bin ich ja nicht _____, aber nachts alleine im Zelt habe ich mich gar nicht wohl gefühlt.

3. Schwerelos zu sein hatte ich mir leicht vorgestellt. Aber es war schwer. Ich war total _____.

4. Als ich mich blind zurechtfinden musste, hatte ich fast einen Unfall. Ich war echt _____, wie wenig Kontrolle man in so einer Situation hat.

5. Ich bin aber stolz darauf, dass ich das Training durchgezogen habe. Mir kann also niemand vorwerfen, ich sei _____ oder hätte Angst vor der Herausforderung.

6. Meine Moderation war nicht gut. Das war mir sehr _____.

113

3 Beschreibe in einem kurzen Text, was du unter „persönliche Grenzen überwinden" verstehst. Gehe dabei auf die folgenden Fragen ein. Sammle erst Stichwörter und Ideen. Schreib dann den Text.

Warum kann es wichtig sein, seine Grenzen zu überwinden?

Selbstbewusstsein stärken   *neue Erfahrungen sammeln*   *Ängste abbauen*   …

Welche neuen Aktivitäten oder unbekannten Situationen würdest du gerne ausprobieren?

eigene Fähigkeiten testen   *etwas lernen*   *andere Länder kennenlernen*   …

Wer könnte dir dabei helfen, über dich hinauszuwachsen?

Schule/Lehrer   *Familie*   *Freunde*   *Verein*   …

Aussprache: Imperativ und Intonation

33

1a Hör die drei Aufforderungen. Wie spricht die Person? Notiere je ein passendes Adjektiv und vergleiche mit einem Partner / einer Partnerin.

| arrogant | bettelnd | wütend | verzweifelt | begeistert | höflich | glücklich | hysterisch |

1. _____   2. _____   3. _____

b Hör noch einmal. Wie steigert der Sprecher seine Aufforderungen? Kreuz an.

Der Sprecher …

☐a spricht langsamer.   ☐d betont einzelne Wörter stärker.   ☐f spricht leiser.

☐b verlängert die Aussage.   ☐e spricht schneller.   ☐g verändert die Satzmelodie.

☐c spricht lauter.

34

c Hör noch einmal und sprich nach. Du darfst gerne übertreiben.

2 Sprich Aufforderungen. Wähle zwei Anfänge. Schreib je drei Sätze wie im Beispiel und sprich sie mit unterschiedlichen Emotionen.

| Verzeih mir. Ruf an. Hör zu. Fahr. Pass auf. Geh. Probieren Sie. Steh auf. Hilf mir. Kommen Sie. |

Verzeih mir.   *Verzeih mir, bitte.*   *Verzeih mir bitte meinen Fehler!*

TIPP Bei Übungen zur Aussprache kannst du gerne übertreiben. Übe z. B. die Aussprache von Lauten oder die Betonung von Wörtern laut zu Hause. Zuerst übertrieben, dann normal. Je intensiver du den jeweiligen Aspekt trainierst, z .B. auch zu Hause vor dem Spiegel, umso besser wirst du dich an ihn erinnern und beim Sprechen darauf achten.

So schätze ich mich nach Kapitel 8 ein: Ich kann …	+	○	–
🔊 … eine Sendung aus einem Wissenschaftsmagazin zum Thema „Das Auge isst mit!" verstehen. ▶ÜB M1, Ü2	☐	☐	☐
… wichtige Aussagen und neue Erkenntnisse in einem wissenschaftlichen Vortrag zum Thema „Glück" verstehen. ▶M2, A2a	☐	☐	☐
… eine Ratgebersendung über Mobbing im Radio verstehen. ▶M3, A2a, c-d	☐	☐	☐
… Informationen unterschiedlicher Personen in einem Radiobeitrag zum Thema „Neue Erfahrungen" verstehen. ▶M4, A2c	☐	☐	☐
📖 … Infotexte aus der Alltagsforschung verstehen und die wesentlichen Informationen klar zusammenfassen. ▶M1, A1b, c	☐	☐	☐
… Beiträge in einem Forum verstehen und bewerten. ▶M2, A3a	☐	☐	☐
… einen Artikel aus einer Schülerzeitung zum Thema „Grenzen überwinden" verstehen. ▶M4, A1a	☐	☐	☐
💬 … ein Experiment aus einer Studie genauer erklären. ▶M1, A1c	☐	☐	☐
… über einen Cartoon sprechen. ▶ÜB M2, Ü1c	☐	☐	☐
… über Bekannte/Freunde berichten, die etwas Besonderes erlebt haben. ▶M4, A1b	☐	☐	☐
… über eigene Vorlieben sprechen, wenn man etwas Neues ausprobieren möchte. ▶M4, A2	☐	☐	☐
… eine Präsentation mithilfe einer Materialsammlung zum Thema „Zukunft wagen" halten. ▶M4, A5d	☐	☐	☐
✏️ … einen Beitrag als Reaktion auf Forumsbeiträge zum Thema „Glück" schreiben. ▶M2, A3b	☐	☐	☐
… Notizen zu einem Radiobeitrag zum Thema „Grenzen überwinden" erstellen. ▶M4, A2c	☐	☐	☐
… einen kurzen Bericht über ein besonderes Erlebnis schreiben. ▶M4, A3	☐	○	☐
… einen Text nach Vorgaben zum Thema „persönliche Grenzen überwinden" schreiben. ▶ÜB M4, Ü3	☐	☐	☐
… Informationen aus einer Materialsammlung in Stichworten notieren. ▶M4, A4e	☐	☐	☐

Das habe ich zusätzlich zum Buch auf Deutsch gemacht (Projekte, Internet, Filme, Lesetexte, …):

Datum: Aktivität:

_____   _____

_____   _____

▸ **Grammatik und Wortschatz weiterüben: interaktive Online-Übungen unter www.klett-sprachen.de/ aspekte-junior/online-uebungen3**

Wortschatz

Modul 1 **Wusstet ihr schon …?**

sich abspielen	_____	über mehrere Jahre hinweg	_____
die Sinne ansprechen (spricht an, sprach an, hat angesprochen)	_____	einer Frage nachgehen (geht nach, ging nach, ist nachgegangen)	_____
die Dissertation, -en	_____	nahelegen	_____
dutzende	_____	die Resonanz, -en	_____
sich einprägen	_____	der Scan, -s	_____
der Fernsehkonsum	_____	der Sinn, -e	_____
der Forschungsauftrag, -"e	_____	untermauern	_____
die Herz-Kreislauf-Erkrankung, -en	_____	verblüffend	_____

Wörter, die für mich wichtig sind:

_____   _____   _____   _____

_____   _____   _____   _____

_____   _____   _____   _____

_____   _____   _____   _____

Modul 2 **Vom Glück**

die Ansicht, -en	_____	das Neuron, -en	_____
ausgeglichen	_____	etw. (nicht) schwer nehmen (nimmt, nahm, hat genommen)	_____
der Besitz	_____		
genetisch	_____		
kribbeln	_____	der Wohlstand	_____
die Lebensbedingung, -en	_____	zufällig	_____
die Lebensgrundlage, -n	_____	die Zukunftsaussicht, -en	_____
der Luxus	_____		
jdm. etw. näher bringen (bringt näher, brachte näher, hat näher gebracht)	_____		

Wörter, die für mich wichtig sind:

_____   _____   _____   _____

_____   _____   _____   _____

_____   _____   _____   _____

Modul 3   **Wo ist das Problem?**

der Angriff, -e	_____	neigen zu	_____
ausgrenzen	_____	die Opferrolle, -n	_____
belästigen	_____	psychosomatisch	_____
die Depression, -en	_____	aus der Welt schaffen	_____
gravierend	_____	schikanieren	_____
schlechte Noten hageln	_____	Gerüchte streuen	_____
impulsiv	_____	in der Überzahl sein	_____
der Leistungsabfall, -"e	_____	sich in eine Rolle versetzen	_____
mobben	_____	die Vorgehensweise, -n	_____
nachlassen (lässt nach, ließ nach, hat nachgelassen)	_____	vorschnell	_____

Wörter, die für mich wichtig sind:

_____ _____ _____ _____

_____ _____ _____ _____

_____ _____ _____ _____

Modul 4   **Grenzen überwinden**

einschätzen	_____	schwerelos	_____
um eine Erfahrung reicher sein	_____	der Selbstversuch, -e	_____
ertasten	_____	skizzieren	_____
über sich hinauswachsen (wächst hinaus, wuchs hinaus, ist hinausgewachsen)	_____	sich überwinden (überwindet, überwand, hat überwunden)	_____
irritierend	_____	die Überwindung	_____
das Limit, -s	_____	verdeutlichen	_____
das Motto, Motti	_____	verloren sein	_____
die Sinne schärfen	_____	wagen	_____
		zögern	_____
		sich zutrauen	_____

Wörter, die für mich wichtig sind:

_____ _____ _____ _____

_____ _____ _____ _____

_____ _____ _____ _____

Die schöne Welt der Künste

Diese Übungen bereiten dich auf das Kapitel vor.

1 Rund um die Kunst. Löse das Rätsel.

(ä, ö, ü = ae, oe, ue)

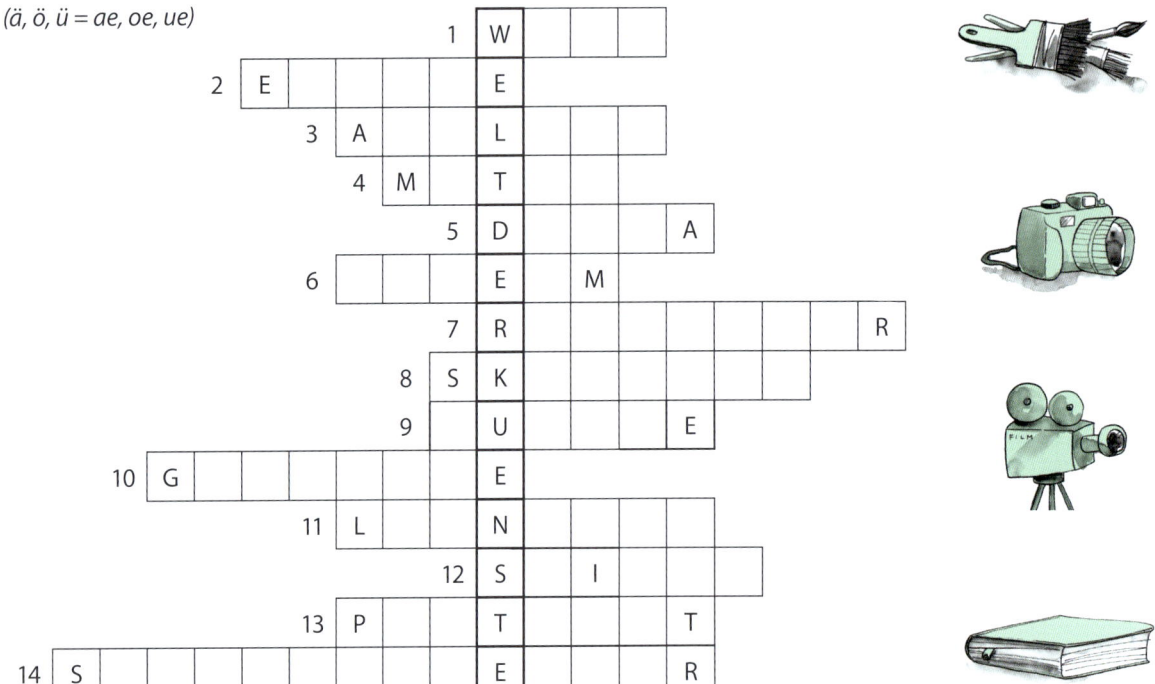

1. alles, was von einem Künstler geschaffen wurde
2. ein Abschnitt / eine Phase in der (kunst)geschichtlichen Entwicklung
3. Arbeitsraum eines Künstlers
4. Objekt/Thema, das ein Maler/Fotograf/Bildhauer usw. künstlerisch darstellt
5. ein Stück, das im Theater gespielt wird
6. Gebäude, in dem man Ausstellungen besuchen kann
7. Person, die den Schauspielern im Theater / beim Film sagt, wie sie ihre Rolle spielen sollen
8. eine Figur aus Bronze / Gips / Stein usw.
9. Fläche im Theater, auf der die Schauspieler agieren
10. ein Bild, das ein Künstler gemalt hat
11. die Fläche, auf der ein Maler malt
12. eine einfache, schnell gemachte Zeichnung, die das Wichtigste zeigt
13. ein Bild / ein Foto, das eine einzelne Person zeigt
14. Person, die z. B. Romane schreibt

2 Welches Wort passt nicht in die Reihe? Streiche durch.

1. malen – zeichnen – vorspielen – skizzieren – porträtieren
2. anschauen – betrachten – sehen – entwerfen – besichtigen
3. beeinflussen – fotografieren – entwerfen – komponieren – gestalten
4. das Talent – die Begabung – das Können – die Fähigkeit – die Bewunderung

3 Künstler. Ergänze die Texte.

| Künstlerin | Vertrag | Band | Techniken | Werke | Fangemeinde |
| Sammlungen | Kritiker | Kunstakademie | Autoren | Talent | Preise |

Saša Stanišić wurde 1978 in Bosnien geboren und flüchtete 1992 mit seiner Familie vor dem Jugoslawienkrieg nach Heidelberg. Dort besuchte er die internationale Gesamtschule, wo bereits sein schriftstellerisches (1) _____ auffiel.

Sein erster Roman „Wie der Soldat das Grammofon repariert" erschienen 2006, erlangte sogleich die Gunst der (2) _____ und wurde in 30 Sprachen übersetzt. Auch mit seinem zweiten Roman „Vor dem Fest" gewann Stanišić viele (3) _____.

Mittlerweile gehört Saša Stanišić, der erst im Alter von 14 Jahren begann, Deutsch zu lernen, zu den erfolgreichsten jungen (4) _____ Deutschlands.

Katharina Grosse ist als (5) _____ besonders für ihre großen Installationen bekannt, für die sie verschiedene (6) _____ nutzt.

Sie studierte an der (7) _____ in Münster und Düsseldorf.

Ihre (8) _____ sind heute in vielen internationalen (9) _____ vertreten. Die Künstlerin lebt in Düsseldorf und Berlin.

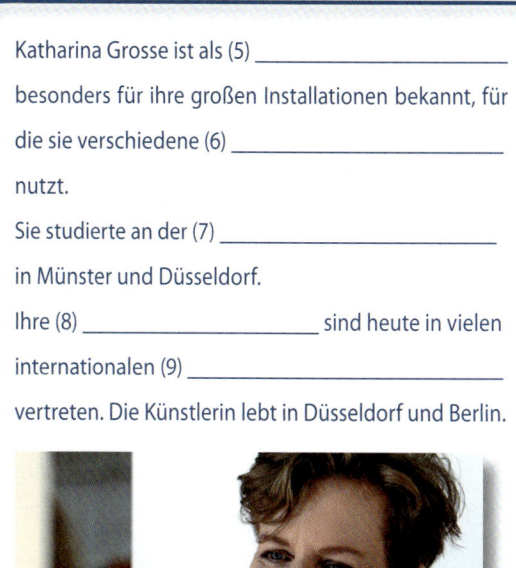

„Boy" ist ein Musik-Duo, das aus der Schweizer Sängerin Valeska Steiner und der deutschen Musikerin Sonja Glass besteht. Nachdem sie 2007 die (10) _____ gegründet hatten, gewannen sie auf zahlreichen Konzerten eine große (11) _____ _____, bis sie schließlich 2011 von einem Musiklabel unter (12) _____ genommen wurden.

Seitdem sind sie mit ihren Alben sehr erfolgreich und haben sich mit ihrem eingängigen und individuellen Pop einen Namen gemacht.

Kreativ

1 Kreativ – Bilde aus den Silben sechs Adjektive mit ähnlicher Bedeutung.

| fin | ta | schöp | duk | de | fe | ein | risch | reich | ideen | risch | fan | falls | tiv | sie | voll | pro | er | reich |

_____   _____   _____

_____   _____   _____

2a Übungen zur Kreativität. Wie kreativ bist du? Versuche, zu einer Buchstabenfolge von vier Buchstaben so viele sinnvolle Sätze wie möglich zu bilden, indem du jeden Buchstaben als Anfangsbuchstaben eines Wortes nimmst.

Beispiel: K J R G → *Karla joggt richtig gern.*
Kann Julia reiten gehen?
...

P A F T   M S H G   R K M L   L I S T

b Bilde Wortketten.

Beispiel: Türschloss → Schlossgarten → Gartenarbeit → Arbeitsstelle → ...

Spielzeugauto   Baumhaus   Ferienhotel   Familienfest

c Schreib einen kurzen Satz, in dem jedes Wort mit demselben Anfangsbuchstaben beginnt.

Max mag meine Musik.

d Wähle einen Kasten und schreib mit den Wörtern eine kurze Geschichte oder ein Gedicht.

| Jahr | Wasser | Duft | Mond | Herbst | Schlaf | Geld | Hund | Bild |

| Strand | Holz | Bleistift | Stuhl | Zeit | Traum | Monat | Treppe | Brot |

e Versuche, Wörter wie auf den Bildern grafisch darzustellen.

3a Ordne die Präpositionen zu.

1. es geht _____
2. sich freuen _____
3. Lust haben _____
4. Angst haben _____
5. führen _____

6. arbeiten _____
7. glauben _____
8. sich spezialisieren _____
9. raten _____
10. warten _____

an	auf
über	
um	vor
zu	

b Ergänze das Präpositionaladverb mit *da-*.

1. In der nächsten Klassensprecherversammlung geht es _____, das Schulfest zu planen.

2. Die Klassensprecher freuen sich _____, ihre Ideen zu präsentieren.

3. Einige haben allerdings keine Lust _____, sich an der Organisation zu beteiligen.

4. Manche haben auch Angst _____, sich zu blamieren.

5. Wenn immer nur dieselben Leute kreative Ideen haben, kann das _____ führen, dass Konflikte entstehen.

6. In der AG „Kreatives Schreiben" arbeiten wir _____, unsere Kreativität zu steigern.

7. Manche Menschen glauben _____, dass man kreatives Denken fördern kann.

8. Es gibt auch Webseiten, die sich _____ spezialisiert haben, Kreativität zu trainieren.

9. Profis raten _____, sich in unkreativen Phasen mit banalen Dingen zu beschäftigen.

10. Manchmal hilft es auch, ganz entspannt _____ zu warten, dass sich kreative Ideen entwickeln.

c Forme die Sätze aus 3b in die Nominalform um.

1. In der nächsten Klassensprecherversammlung geht es um die Planung des Schulfestes.

4 Ergänze die Präposition und bilde Sätze wie im Beispiel.

1. viele Abiturienten / sich entscheiden _____ / an einer renommierten Universität / studieren

2. manche Schulabgänger / träumen _____ / schnell in einer Firma / aufsteigen

3. sie / begeistert sein _____ / neue Ideen / gemeinsam / entwickeln

4. sie / warten _____ / ihre kreativen Ideen / umsetzen

5. viele / nachdenken _____ / irgendwann / eine eigene Firma / gründen

1. a) Viele Abiturienten entscheiden sich dafür, an einer renommierten Universität zu studieren.
   b) Viele Abiturienten entscheiden sich für ein Studium an einer renommierten Universität.

5 Ergänze die Sätze.

1. Ich träume davon, …
2. Ich glaube an …
3. Ich habe mich dafür entschieden, …
4. Ich möchte auf … nicht verzichten.
5. Ich denke oft darüber nach, …
6. Man kann davon ausgehen, dass …

6a Wiederholung der Nominal- und Verbalformen. Forme die markierten Textteile um und verwende dabei die angegebenen Wörter.

Tipps für kreative Teamarbeit

Viele kennen das: Man muss mit Klassenkameraden ein Referat vorbereiten oder für die Projekttage in einem Team Entscheidungen treffen. Manche Leute schalten bei einem solchen Treffen schon ab, **bevor die Diskussion begonnen hat**, andere geraten ins Schwafeln und finden kein Ende. Wie kann man also alle bei der Stange halten und
5 gleichzeitig die kreative Teamarbeit fördern?

Zu Beginn sollte klar definiert werde, worum es bei dem Treffen geht. **Dadurch, dass man ein Besprechungsziel festgelegt**, wird die Aufmerksamkeit der Teilnehmer auf ein Ziel gerichtet. Außerdem sollte man einen Moderator bestimmen.

Wegen ihrer Unsicherheit beteiligen sich manche Leute nur wenig an der Ideen-
10 sammlung. Deshalb sollten alle zunächst ihre Ideen aufschreiben und anschließend präsentieren. **Während der Präsentation der Ideen** darf niemand kritisieren oder kommentieren. Wer sich nicht an diese Regel hält, bekommt eine rote Karte. Hat jemand mal gar keine Idee, ist das auch okay. **Ohne Druck** entstehen meistens die besten Ideen.

Um die Kreativität zu steigern, kann man aber verschiedene Techniken ausprobie-
15 ren. Wichtig ist in jedem Fall, dass eine kreative Atmosphäre geschaffen wird. **Damit man sich besser konzentrieren kann,** sollten auch alle Handys abgeschaltet werden.

Manchmal entstehen **trotz langer Diskussionen** keine herausragenden Ideen. Dann bietet es sich an, das Treffen abzubrechen und sich an einem anderen Wochentag nochmal zu treffen.

(1) vor

(2) Durch

(3) weil

(4) während

(5) wenn

(6) zu
(7) zu

(8) obwohl

---

b Was bedeuten die Phrasen aus dem Text in 6a? Ordne zu.

1. _____ ins Schwafeln geraten
2. _____ kein Ende finden
3. _____ bei der Stange halten
4. _____ eine rote Karte bekommen

a dafür sorgen, dass jmd. aufmerksam/motiviert bleibt
b wortreich und lange über Unwichtigkeiten reden
c jdn. verwarnen/rügen
d zu lange mit etw. weitermachen, nicht aufhören

7 Hör das Interview und beantworte die Fragen.
35

1. Über welche AG berichtet das Schulradio?
2. Seit wann ist Matti Hirschfelds Designbüro erfolgreich?
3. Wie lange dauern kreativen Krisen bei ihm?
4. Was macht er, wenn er in einer kreativen Krise steckt?
5. Wann findet er kreative Krisen besonders schlimm?
6. Was sollte man sich bewusst machen, wenn man in einer kreativen Krise steckt?

8 Welches Wort passt nicht? Streiche es durch.

1. eine Idee entwickeln – stagnieren – verwerfen
2. einen guten Einfall haben – präsentieren – halten
3. in einer kreativen Krise verbringen – stecken – sein
4. gute Ideen steigern – einbringen – umsetzen
5. etwas Neues kreieren – schaffen – wiederholen

1 **Lies bitte die vier Texte. In welchen Texten (A–D) gibt es Aussagen zu den Themenschwer-punkten 1–5?**

Thema 1: Inhalt des Films
Thema 2: Beschreibung des Kinos
Thema 3: Begleitperson(en)
Thema 4: Erwartungshaltung an den Kinobesuch
Thema 5: Folgen des Kinobesuchs

Bei jedem Themenschwerpunkt sind ein, zwei oder drei Stichpunkte möglich, insgesamt aber nicht mehr als zehn. Sollten mehr als zehn Antworten eingetragen sein, werden nur die ersten zehn Antworten bewertet, alle anderen werden gestrichen, auch wenn es sich um richtige Lösungen handeln sollte. Schreib die Antworten in die Übersicht. Schreib nur Stichworte oder eine sinnvolle Verkürzung der Textpassage. Bitte beachte auch die Beispiele.

0 Beispiel: Alter bei Kinobesuch

Text 🗵 *Kind in der Grundschule*

Text 🗵 *Jugendliche*

Text Ⓒ

Text Ⓓ

Text A: Tommy

Beispiel

Mein einprägsamster Kinobesuch war auch gleichzeitig mein erster. Ich weiß nicht mehr genau, wie alt ich damals war, ich denke, **ich war in der zweiten Klasse**, aber ich erinnere mich, wie ich mit meinen Eltern und meinem älteren Bruder den großen Saal betrat. Das Kino war sehr alt und sah fast noch so aus wie ein Theater. Ich war fasziniert von den vielen, vielen Sitzreihen und dem großen schweren Vorhang vor der Leinwand. Und dann wurde es dunkel. An Werbung oder Filmvorschauen kann ich mich nicht erinnern, wohl aber an das Kribbeln im Bauch, als die riesigen Bilder und der laute Ton mich völlig in ihren Bann zogen. Ich war hingerissen, lachte viel und weinte zwischendrin auch mal. Als der Film vorbei war, wollte ich nicht gehen, ich wollte bis zur letzten Sekunde in diesem faszinierenden Raum bleiben und sowohl den Abspann – den ich damals in dem Tempo noch gar nicht lesen konnte – als auch die letzten Klänge der Filmmusik einfach nur genießen. Meine Familie drängte mich zum Aufbrechen. Sie wollten los, und als wir dann im Auto saßen, machte mein Vater wie immer das Radio an. Das fand ich furchtbar, denn damit wurde der Zauber des Kinobesuchs gebrochen und ich wurde in die Realität des Alltags zurückgeworfen.

Das ist mir bis heute geblieben: Ich liebe das Kino und immer, wenn mir ein Film gut gefällt, will ich möglichst lang im Kino sitzen bleiben, lese den Abspann und ärgere mich über Leute, die vor mir aufstehen, umständlich ihre Jacken anziehen und mir dabei die Sicht versperren.

Text B: Leana

Beispiel

Mein wichtigster Kinobesuch? Ja, das war so eine Sache. Das ist schon 16 Jahre her, **damals stand ich gerade kurz vor dem Schulabschluss** – und ich habe keine Ahnung mehr, welcher Film da im Kino lief – auch wie das Kino aussah, weiß ich nicht mehr. Wie das sein kann? Ganz einfach: Ich war bis über beide Ohren verliebt. Die Sache hatte nur einen Haken: Ich war in den Bruder meiner besten Freundin verliebt. Wenn sie das mitbekommen würde – dachte ich damals – wäre unsere Freundschaft zerbrochen und alles wäre vorbei. Also mussten wir uns heimlich treffen, und das taten wir zum ersten Mal in diesem Kino. Damals war ich noch nicht sicher, ob er für mich auch mehr empfand, aber dann tastete er schon ziemlich zu Beginn des Filmes schüchtern nach meiner Hand … Heute sind wir seit 12 Jahren verheiratet und haben drei Kinder. Und meine Schwägerin und beste Freundin? Sie ist meine Trauzeugin gewesen und auch heute noch meine beste Freundin. Ja, am Anfang war sie sauer, als herauskam, dass ihr Bruder und ich ein Paar waren, aber als sie merkte, dass es uns ernst war, war schnell alles wieder gut und heute ist sie froh, dass ich jetzt auch zur Familie gehöre.

Text C: Marina

Bei der Frage fällt mir sofort ein Kinobesuch in München ein: Ich war bei einer Austauschfamilie zu Besuch in der Stadt. Ich hatte großes Glück mit „meiner Familie", denn sie haben viel mit mir unternommen und waren sehr nett. An einem Abend wollte meine Austauschpartnerin mit mir zu „Kino, Mond & Sterne" gehen, einem Open-Air-Kino im Park an einer Seebühne. Das hörte sich gut für mich an. Ich kannte den Film nicht, es war ein Klassiker, ich glaube er hieß „Night on Earth". Der

Film war gut, es ging um fünf Taxifahrten in ein und derselben Nacht in verschiedenen Städten der Welt. Aber was mir viel lebhafter in Erinnerung geblieben ist als der Film, ist die Stimmung in diesem Open-Air-Kino. Es war super: Alle hatten Picknickdecken dabei und waren bestens ausgestattet mit Salaten, belegten Broten, Kuchen und anderen leckeren Sachen. Zum Glück gab es auch Verkaufsstände mit Essen und Getränken und wir wollten uns gerade etwas zu Essen kaufen gehen, da haben uns unsere Nachbarn schon gefragt, ob wir nicht bei ihnen mitessen wollen, sie hätten viel zu viel dabei. Die Stimmung werde ich nie vergessen: fröhlich und offen. Sicherlich lag es auch an dem wunderschönen warmen Sommerabend und der Sicht auf den See ... Und dann der Sternenhimmel über der Kinoleinwand – einfach toll!

Text D: Rohan

Kinobesuch? Oh, da fällt mir was ein, ja! Letzte Woche war ich im Kino und habe mir einen Film angesehen, den mir meine Freunde sehr empfohlen hatten. Vielleicht hatte ich deshalb zu hohe Erwartungen, denn – ganz ehrlich – einen so langweiligen und blöden Film hatte ich schon lange nicht mehr gesehen. Dieses Kinoerlebnis wird mir leider noch lange in Erinnerung bleiben, das war reine Zeitverschwendung! Die Witze waren alle so was von flach und die wenigen guten Witze, die kannte ich leider eh schon von den Erzählungen meiner Freunde, deshalb waren die auch nicht mehr lustig für mich. Mit meinen Freunden habe ich dann in den nächsten Tagen lange über den Film diskutiert. Sie konnten gar nicht verstehen, dass mir der Film nicht gefallen hat und ich habe mir fest vorgenommen, entweder gleich gemeinsam mit ihnen ins Kino zu gehen, oder dann lieber mal einen Film zu verpassen, wenn ich nicht gleich mitgehen kann. So einen Reinfall möchte ich mir in Zukunft lieber ersparen.

1. Inhalt des Films

Text A
Text B
Text C
Text D

2. Beschreibung des Kinos

Text A
Text B
Text C
Text D

3. Begleitperson(en)

Text A
Text B
Text C
Text D

4. Erwartungshaltung an den Kinobesuch

Text A
Text B
Text C
Text D

5. Folgen des Kinobesuchs

Text A
Text B
Text C
Text D

1 Was passt zusammen? Ordne zu.

1. ____ Ein besonderes Talent zu haben, ist nicht das einzig Wichtige für eine Künstlerkarriere.

2. ____ Die Aufnahmeprüfung für die Kunstakademien findet im Herbst statt.

3. ____ Es ist völlig normal, sich mehrere Male an Akademien oder Schauspielschulen zu bewerben.

4. ____ Als angehender Künstler muss man sich auch gut präsentieren können.

5. ____ Die meisten Künstler stellen sich darauf ein, mit wenig Geld zurechtzukommen.

A Gleichzeitig sollte man aber auch über berufliche Alternativen nachdenken.

B Allerdings brauchen sie auch Geld, um Materialen wie Leinwände oder Farben zu finanzieren.

C Mittlerweile bieten einige Schulen auch spezielle Kurse an, in denen Künstler genau dies lernen können.

D Bis dahin sollte man die Zeit für die Vorbereitung einer aussagekräftigen Mappe gut nutzen.

E Vielmehr spielt auch ein breites Netzwerk an Kontakten eine sehr wichtige Rolle.

2 Ergänze die Konnektoren in den Texten.

A   daraufhin   demgegenüber   mittlerweile

Meine Eltern wollten, dass ich irgendetwas mit Wirtschaft mache. (1) _____ stand immer schon mein Wunsch, Sängerin zu werden. Ich habe nicht locker gelassen, bis ich in einen Chor gehen durfte. Die Chorleiterin war schnell der Meinung, man müsse mich mehr fördern. (2) _____ bekam ich dann doch den lang ersehnten Gesangsunterricht. Nach dem Abitur ging ich aufs Konservatorium. (3) _____ kann ich glücklicherweise ganz gut von meinem Beruf leben.

B   währenddessen   allerdings   dagegen

An der Schauspielschule in Essen werden jährlich nur acht von 900 Kandidaten aufgenommen. Da platzen Träume im Akkord. Manche haben schon zehn, fünfzehn Versuche an verschiedensten Schulen hinter sich. (4) _____ _____ sind melne vier Versuche nichts. Vor so einer Prüfung ist das Lampenfieber bei mir enorm. (5) _____ bin ich dann aber eigentlich ruhig und völlig auf die Rolle konzentriert. Ob ich heute bestanden habe oder nicht, weiß ich noch nicht. (6) _____ weiß ich eines sicher: Ich gebe nicht auf.

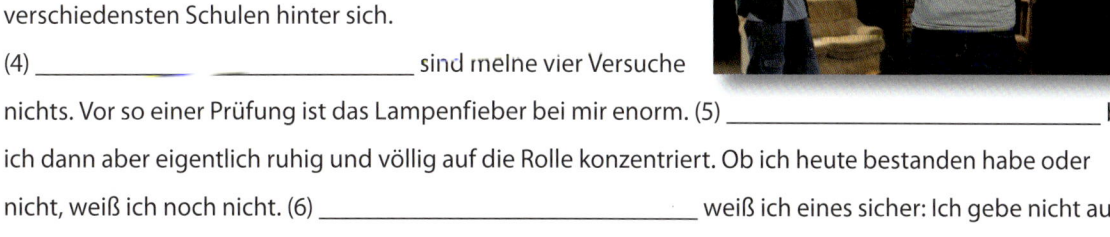

3   Welcher Konnektor ist korrekt? Kreuz an.

Den eigenen Traum leben

Nur wenige Menschen, die einen künstlerischen Beruf ergreifen, können auf Dauer wirklich davon leben. (1) ☐ *Allerdings* ☐ *Inzwischen* ☐ *Bis dahin* ist der Wunsch nach Selbstverwirklichung oft stärker als die Existenzangst.

Nur wenige Künstler können mit ihrer Arbeit ihren Lebensunterhalt bestreiten. (2) ☐ *Daraufhin* ☐ *Vielmehr* ☐ *Währenddessen* müssen die meisten nebenher als Kellner oder Postbote jobben, um am Ende des Monats ihre Miete bezahlen zu können. Trotzdem entscheiden sich Jahr für Jahr Tausende für ein künstlerisches Studium, der Andrang an den Kunstakademien, Musikhochschulen und Schauspielschulen ist nach wie vor groß.

Einer, der sich für diesen unsicheren Weg entschieden hat, ist Clemens Wintermühl, der bereits als Kind von einer Karriere als Saxofonist träumte. Nach dem Abitur begann er sein Studium an der Berliner Universität der Künste. (3) ☐ *Währenddessen* ☐ *Daraufhin* ☐ *Dagegen* spielte er bereits mit seiner eigenen Jazzband in kleinen Clubs und konnte sich mit diesen Auftritten finanziell einigermaßen über Wasser halten. Der große Erfolg stellte sich aber nach Beendigung des Studiums nicht ein.

Clemens Wintermühl jammert aber nicht, (4) ☐ *bis dahin* ☐ *stattdessen* ☐ *demgegenüber* sieht er seine Lage pragmatisch: „Ich werde mir einfach mehrere Standbeine aufbauen. Wichtig ist für mich, dass ich immer etwas mit Musik machen kann."

Die Fotografin Jana Ballmann bekommt in flauen Monaten immer noch Geld von ihren Eltern, obwohl sie bereits einige Berufsjahre vorzuweisen hat. Vor einem Jahr gewann sie sogar einen in der Branche wichtigen Preis. Leider wurden (5) ☐ *währenddessen* ☐ *daraufhin* ☐ *dagegen* die Aufträge aber auch nicht zahlreicher. (6) ☐ *Mittlerweile* ☐ *Inzwischen* ☐ *Vielmehr* war die Auftragslage zu diesem Zeitpunkt besonders hoffnungslos.

Manche geben auch auf, so wie Elisabeth Jahnke. Die 35-Jährige absolvierte eine Schauspielausbildung an einer bekannten Schule und ging davon aus, dass im Anschluss zahlreiche Rollenangebote ins Haus flattern würden. (7) ☐ *Demgegenüber* ☐ *Mittlerweile* ☐ *Stattdessen* krebste sie jahrelang am Existenzminimum herum. (8) „☐ *Inzwischen* ☐ *Dagegen* ☐ *Bis dahin* habe ich mich entschieden, noch mal eine Ausbildung zu machen, und studiere jetzt Sozialpädagogik. Ich bin vielleicht mit meiner Schauspielkarriere gescheitert, aber ich habe es wenigstens versucht", so Jahnke.

4   Verständnis äußern und Ratschläge erteilen. Welche Redemittel passen wo? Notiere R (Ratschläge) oder V (Verständnis).

1. ____ Probier doch mal …
2. ____ Was hältst du davon, wenn …?
3. ____ Ich kann gut verstehen, dass …
4. ____ Ich habe großes Verständnis für …
5. ____ Es ist ja klar, dass …

6. ____ Es ist leicht nachvollziehbar, dass …
7. ____ Um das zu erreichen, solltest du …
8. ____ Es hat sich bewährt, …
9. ____ Es ist einen Versuch wert, …
10. ____ Es ist ganz normal, dass …

1a Lies die Kurzbiografie von Cornelia Funke. Notiere wichtige Aspekte ihres Lebens auf einem Zeitstrahl.

Geburt

1958

Cornelia Funke wurde am 10. Dezember 1958 in der kleine Stadt Dorsten in Nordrhein-Westfalen geboren. Sie ist eine der bedeutendsten und erfolgreichsten deutschsprachigen Kinder- und Jugendbuchautorinnen, in deren Geschichten sich fast immer verschiedene Welten auf wunderbare Weise
5 vermischen. Ihre Bücher wurden inzwischen in 37 Sprachen übersetzt.
Nach ihrem Abitur zog Cornelia Funke nach Hamburg und machte dort eine Ausbildung zur Diplompädagogin. Dann arbeitete sie drei Jahre lang als Erzieherin und machte nebenher eine Ausbildung zur Buchillustratorin. Sie liebt es, Geschichten zu erzählen und begann zunächst Bücher zu illus-
10 trieren, bevor sie selber zu schreiben begann. Mit ihrem Buch *Der Herr der Diebe* gelang ihr im Jahr 2002 der internationale Durchbruch. Das Buch erzählt die Abenteuer verlassener Kinder, die sich in Venedig verstecken. Angeblich wurde der Verleger der englischsprachigen Ausgabe durch ein zweisprachiges Mädchen auf den *Herrn der Diebe* aufmerksam: Sie beschwerte sich bei ihm, dass ihr Lieblingsbuch nur auf Deutsch erschienen sei und ihre englischen Schulfreundinnen das Buch nicht
15 lesen könnten. *Der Herr der Diebe* wurde 2005 erfolgreich verfilmt.
2003 erschien dann ihr Roman *Tintenherz* gleichzeitig auf Deutsch und auf Englisch. In den darauffolgenden Jahren erschienen zwei weitere Bücher der „Tintenwelt-Trilogie": Hier verschwinden Menschen in die Welt der Bücher und andere werden aus Büchern herausgelesen.
Weitere bekannte Werke von Cornelia Funke sind die ebenfalls verfilmten Buchreihen *Die*
20 *Gespensterjäger* und *Die wilden Hühner*. Ihr Buch *Drachenreiter* ist bereits 1997 auf Deutsch erschienen und erlangte 2004 den ersten Platz der Bestsellerlisten in New York. Ihre aktuelle große Fantasy-Reihe sind die Bücher aus der Spiegelwelt: Reckless. Sie greifen bekannte internationale Märchenmotive auf. Ein Junge findet im Arbeitszimmer seines verstorbenen Vaters einen Spiegel – durch diesen Spiegel gelangt er in eine Spiegelwelt, in der Märchen-
25 figuren leben, die sich im Laufe der Zeit weiterentwickelt haben und nicht ungefährlich sind. Zusammen mit ihrem inzwischen verstorbenen Mann und den beiden Kindern lebte Cornelia Funke bis 2005 in Hamburg, dann zog die Familie nach Los Angeles. Für ihr Werk hat sie zahlreiche Auszeichnungen und Preise erhalten.

b Ergänze passende Ausdrücke und Wendungen aus der Kurzbiografie in 1a.

eine Kurzbiografie schreiben	
… wurde am … in … (1) _geboren_ .	In den darauf folgenden Jahren erschienen … / arbeitete/…
Er/Sie kommt aus … / studierte/lebte in …	
Er/Sie ist einer/eine der erfolgreichsten/bedeutendsten/meistgelesenen (2) _____ .	In seinen/ihren (4) _____ / Büchern/Erzählungen vermischen sich verschiedene Welten.
Seinen/Ihren internationalen (3) _____ _____ hatte er/sie mit dem Buch …	Seine/Ihre Werke (5) _____ bekannte Motive aus … auf.
In seinem/ihrem bekanntesten Buch beschreibt er/sie …	Seine/Ihre Werke zeichnen sich durch … aus.
In seiner/ihrer Jugend … / Nach dem Abitur / der Ausbildung / … arbeitete/schrieb/…	Für sein/ihr (6) _____ hat er/sie zahlreiche Auszeichnungen und (7) _____ erhalten.

2 Lies die Informationen zum Leben von Joachim Meyerhoff und verfasse eine Kurzbiografie zu ihm oder zu einem anderen Autor / einer anderen Autorin deiner Wahl.

Joachim Meyerhoff
einer der beliebtesten deutschen Theater-Schauspieler und sehr erfolgreicher Schriftsteller

1967	geboren in Homburg an der Saar, jüngster Sohn des Psychiaters Hermann Meyerhoff (1935–1993) und seiner Frau Susanne Meyerhoff (*1937), zwei ältere Brüder
ab 1972	Kindheit und Aufwachsen auf dem Gelände einer psychiatrischen Klinik in Hesterberg (Schleswig-Holstein) – Vater war Leiter dieser Klinik
1984	Austauschjahr in Amerika (Wyoming), während des Auslandaufenthalts plötzlicher Unfalltod des mittleren Bruders
1987	Abitur in Schleswig-Holstein
1989–1992	Otto-Falckenberg-Schauspielschule, München
1992–2001	Theater-Engagements in Kassel, Bielefeld, Dortmund und Köln
2001	Engagement am Maxim-Gorki-Theater in Berlin
2002	Wechsel zum Deutschen Schauspielhaus in Hamburg
seit 2005	Wohnort in Wien, Ensemblemitglied des Wiener Burgtheaters
ab 2006	mehrfache Auszeichnung mit dem Nestroy-Theaterpreis
2007	Auszeichnung der Zeitschrift „Theater Heute": Schauspieler des Jahres 2007
2011	Erscheinen des Romanzyklus' „Alle Toten fliegen hoch": 1. Teil – *„Amerika"* Franz-Tumler-Literaturpreis
seit 2013	zusätzliches Engagement am Deutschen Schauspielhaus in Hamburg
2013	Erscheinen des 2. Teils des Zyklus': – *„Wann wird es endlich wieder so, wie es nie war"*
2015	Erscheinen des 3. Teils des Zyklus': – *„Ach, diese Lücke, diese entsetzliche Lücke"*
2017	Erscheinen des 4. Teils des Zyklus': – *„Die Zweisamkeit der Einzelgänger"* Aufnahme in die Berliner Akademie der Künste, Auszeichnung zum Schauspieler des Jahres, Deutscher Hörbuchpreis für eine Lesung
2018	Literaturpreis für Satire und Humor

> **TIPP**
>
> **Biografische Texte schreiben**
>
> Gehe in einem biografischen Text chronologisch vor, fasse aber thematische Einheiten zusammen. Verwende abwechslungsreiche temporale Ausdrücke *(zuerst, dann, aber zwei Jahre später, in seiner Jugend usw.)*. Baue auch Bezüge innerhalb des Textes auf *(bei seiner zweiten Reise nach …)*.

Aussprache: Aussagen durch Betonung verbinden

1a Lies den ersten Ausschnitt einer Lesung aus einer Autobiografie.

Mein Leben zu beschreiben und dabei alle Wendungen, Wege und Stationen zu berücksichtigen, das war eine große Herausforderung. Aber das war auch der große Reiz. Sie wollen mich heute besser kennenlernen, dafür bin ich hier. Im Folgenden werde ich einige Ausschnitte aus meinem Buch lesen und dafür ist sicher wichtig, dass ich vorab mit einem kurzen Lebenslauf beginne. Nach dem Abitur habe ich zuerst zwei Semester in Marburg Literaturwissenschaft studiert. Doch bald hat mich das Studium gelangweilt. Aber dann habe ich von der Möglichkeit eines Auslandsstudiums erfahren.

36

b Hör jetzt den Ausschnitt. Wie spricht der Sprecher die markierten Verbindungen (Angaben, Konnektoren, …)? Kreuz an.

☐ schnell ☐ laut ☐ langsam ☐ ohne Pause ☐ mit Pause ☐ leise

37

c Hör jetzt den zweiten Ausschnitt und markiere betonte Verbindungen.

Und, Sie ahnen es schon, fand das viel spannender. Ziemlich spontan bin ich also 1974 nach Frankreich und später nach England gegangen. Damals haben mich meine Eltern noch unterstützt. Allerdings nicht mehr lange. Sehr schnell hatten sie verstanden, dass ich gar nicht daran dachte, wieder nach Deutschland zurückzukommen. Das war ein harter Schlag für sie.

d Sprecht zu zweit. A spricht den ersten Ausschnitt, B den zweiten. Achtet auf die Betonung.

So schätze ich mich nach Kapitel 9 ein: Ich kann …	+	O	−
🔊 … ein Interview über kreative Krisen verstehen. ▶ÜB M1, Ü7	☐	☐	☐
… Präsentationen von Kinofilmen verstehen. ▶M2, A2a	☐	☐	☐
… Notizen zu einer Umfrage zum Thema „Lesen" zusammenfassen und kommentieren. ▶M4, A4	☐	☐	☐
📖 … in kurzen Sachtexten über Kreativität wichtige Einzelinformationen finden. ▶M1, A2	☐	☐	☐
… Texte über den Künstleralltag verstehen. ▶M3, A2a	☐	☐	☐
… Informationen aus einer Kurzbiografie auf einem Zeitstrahl darstellen. ▶ÜB M4, Ü1a	☐	☐	☐
… einen autobiografischen Text im Detail verstehen. ▶M4, A2a	☐	☐	☐
… einen Text und eine Grafik zum Thema „Leseverhalten" analysieren. ▶M4, A5	☐	☐	☐
💬 … kreative Ideen zu Problemsituationen formulieren. ▶M1, A4	☐	☐	☐
… über einen deutschsprachigen Film oder einen Film mit deutschsprachigen Schauspielern berichten. ▶M2, A1a	☐	☐	☐
… Gedanken und Meinungen über Literaturverfilmungen ausdrücken. ▶M4, A2b	☐	☐	☐
… erklären, was ein gutes Buch ausmacht, und ein Buch präsentieren. ▶M4, A6	☐	☐	☐
✏️ … Informationen aus einer Grafik zum Thema: „Fernsehkonsum" wiedergeben und bewerten. ▶M2, A3b	☐	☐	☐
… in einem persönlichen Brief Bezug auf die Briefinhalte des Absenders nehmen und Ratschläge geben. ▶M3, A4	☐	☐	☐
… Informationen über eine Person in einer Kurzbiografie wiedergeben. ▶ÜB M4, Ü2	☐	☐	☐
… einen Text zum Thema „Bücher und Leseverhalten" schreiben. ▶M4, A5	☐	☐	☐

Das habe ich zusätzlich zum Buch auf Deutsch gemacht (Projekte, Internet, Filme, Lesetexte, …):

Datum: Aktivität:

_____   _____

_____   _____

_____   _____

_____   _____

_____   _____

_____   _____

Grammatik und Wortschatz weiterüben: interaktive Online-Übungen unter www.klett-sprachen.de/aspekte-junior/online-uebungen3

Wortschatz

Modul 1 Kreativ

ablenken	_____	hinausposaunen	_____
die Anwendung, -en	_____	der Konkurrenzdruck	_____
ausgereift	_____	durch den Kopf gehen	_____
basieren auf	_____	(geht, ging, ist ge-	
die Blamage, -n	_____	gangen)	
brillant	_____	der Miesepeter, -	_____
bestätigen	_____	der Rückgriff auf	_____
einfallsreich	_____	ungehemmt	_____
genial	_____	verblüffend	_____

Wörter, die für mich wichtig sind:

_____ _____ _____ _____

_____ _____ _____ _____

_____ _____ _____ _____

_____ _____ _____ _____

Modul 2 Film ab!

der/die Außenseiter/in, -/-nen	_____	der/die Gamer/in, -/-nen	_____
		hacken	_____
Auszeichnungen erhalten (erhält, erhielt, hat erhalten)	_____	(sich) als Herausforderung gestalten	_____
die Buchverfilmung, -en	_____	sich (rührend) kümmern um	_____
der/die Einzelgänger/in, -/-nen	_____	unzertrennlich	_____
		verwahrlost	_____
sich fremd sein (ist, war, ist gewesen)	_____	das Videoportal, -e	_____
		zu Fuß unterwegs sein	_____

Wörter, die für mich wichtig sind:

_____ _____ _____ _____

_____ _____ _____ _____

_____ _____ _____ _____

_____ _____ _____ _____

Modul 3   Ein Leben für die Kunst

abverlangen	_____
der Andrang	_____
aushalten (hält aus, hielt	_____
aus, hat ausgehalten)	
brennen für (brennt,	_____
brannte, hat gebrannt)	
der Durchbruch, -"e	_____
das Durchhaltevermögen	_____
entmutigen	_____
das Funkeln in den Augen	_____

gängig	_____
über Kontakte verfügen	_____
ein gängiges Los sein (ist,	_____
war, ist gewesen)	
ein zweites Standbein	_____
haben (hat, hatte, hat	
gehabt)	_____
ungebrochen	
das Werk, -e	_____
am Horizont winken	

Wörter, die für mich wichtig sind:

_____ _____ _____ _____

_____ _____ _____ _____

_____ _____ _____ _____

Modul 4   Leseratten

Anteil haben an	_____
blättern in	_____
ermuntern zu	_____
etw. nicht erwarten	_____
können (kann, konnte,	
hat können)	
herausbekommen	_____
(bekommt heraus,	
bekam heraus, hat	
herausbekommen)	
das Herzklopfen	_____
die Inspiration,-en	_____

etw. lässt jdn. nicht los	_____
(lässt, ließ, hat gelassen)	
unvermeidlich	_____
verhelfen zu (verhilft,	_____
verhalf, hat verholfen)	
eine Welt tut sich auf	_____
(tut sich auf, tat sich auf,	
hat sich aufgetan)	
ein Wunder geschieht	_____
(geschieht, geschah,	
ist geschehen)	
zensieren	_____

Wörter, die für mich wichtig sind:

_____ _____ _____ _____

_____ _____ _____ _____

_____ _____ _____ _____

Erinnerungen

Diese Übungen bereiten dich auf das Kapitel vor.

1a Ordne die Wörter und Wendungen in die Tabelle.

sich entsinnen verschwinden dämmern ein schlechtes Gedächtnis haben gedenken auffrischen verlegen entfallen einfallen zurückdenken an in den Sinn kommen nicht behalten aus dem Gedächtnis verlieren sich ins Gedächtnis zurückrufen ein Gedächtnis wie ein Sieb haben

(sich) erinnern
sich entsinnen

vergessen

b Ergänze die Sätze mit Wörtern und Wendungen aus 1a.

1. Ich habe mein Handy _____, ich kann es nirgends finden.

2. Wenn ich _____ die letzten Ferien _____, dann habe ich gleich wieder
   Fernweh.

3. Ich habe gestern die Wörter von der letzten Englischstunde _____.

4. Kannst du mir helfen? Wann haben Oma und Opa Geburtstag? Mir sind die Daten
   _____.

5. Wie heißt der neue Schüler aus der 12. Klasse noch mal? Der Name _____ mir einfach nicht
   _____.

6. Ich kann die vielen Passwörter einfach _____ _____.

7. Nichts kannst du dir merken! Du _____ wirklich ein Gedächtnis _____.

2a Notiere zu den Nomen den bestimmten Artikel und wenn möglich den Plural.

1. _der_ Gedanke, ___-n___
2. _____ Gedächtnis, _____
3. _____ Biografie, _____
4. _____ Tagebuch, _____
5. _____ Erinnerung, _____
6. _____ Denkmal, _____
7. _____ Souvenir, _____
8. _____ Aufzeichnung, _____
9. _____ Merkfähigkeit, _____
10. _____ Gedächtnislücke, _____
11. _____ Geistesblitz, _____
12. _____ Andenken, _____
13. _____ Erinnerungsvermögen, _____
14. _____ Einfall, _____
15. _____ Chronik, _____
16. _____ Lebensgeschichte, _____

b Notiere zu den Begriffen passende Wörter aus 2a. Es gibt mehrere Möglichkeiten.

Texte: _Tagebuch, …_   Gehirn: _Gedanke, …_   Urlaub: _Souvenir, …_

3 Alles, was man vergessen kann … Löse das Rätsel.

(*ä, ö, ü* = ein Buchstabe)

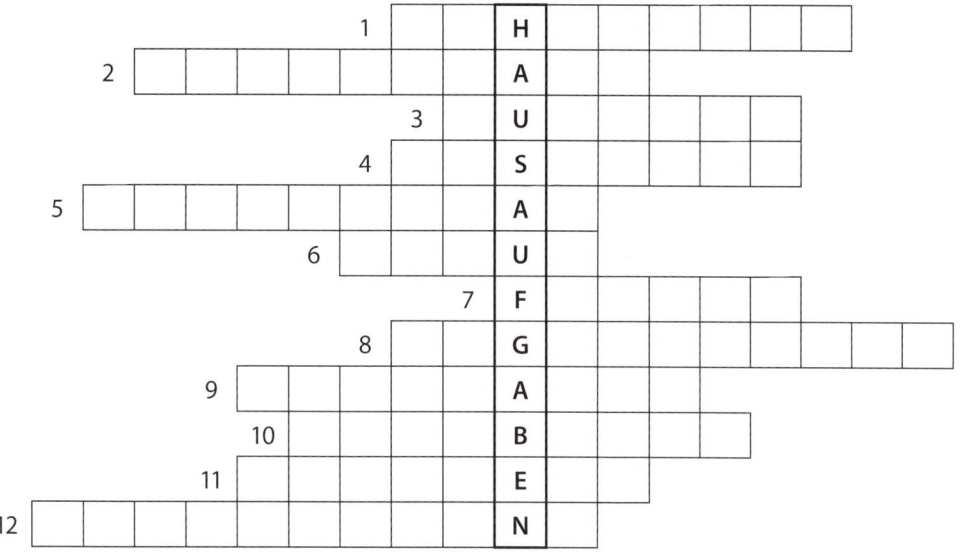

1. ein Gegenstand aus Metall, mit dem man eine Tür aufmacht
2. ist für die Benutzung der EC-Karte notwendig
3. offizielles Dokument, das den Namen und andere persönliche Informationen über den Besitzer enthält
4. muss man oft eingeben, bevor man einen Computer oder ein Handy benutzt
5. Datum, an dem jd. geboren wurde
6. Angabe eines Tages, Monats und Jahres dem Kalender nach
7. Kombination von Buchstaben und Zahlen, die man oft im Matheunterricht anwenden muss
8. braucht man, wenn das Wetter schlecht und nass ist
9. Ticket für die öffentlichen Verkehrsmittel
10. eine kleine Tasche für das Geld
11. Wörter, die man auswendig lernen muss
12. hat man, wenn man mit jdm. beschließt, sich zu treffen

4a Arbeitet in Gruppen. Jede Gruppe wählt ein Bild und schreibt eine kurze Geschichte dazu.

Frau Schmidtke sitzt in der U-Bahn und möchte in die Stadt fahren. …

b Lest eure Geschichten in der Klasse vor. Welche Geschichte ist am lustigsten/überraschendsten/ am besten erzählt …?

Erinnern und Vergessen

1 In welchem Textteil im Kursbuch, Aufgabe 2b stehen die Aussagen? Markiere.

	Teil 1	Teil 2	Teil 3
1. Vor Jahren vermuteten Wissenschaftler, dass unser Gehirn alles aufnehmen kann.	☐	☐	☐
2. Die vielen Nervenzellen unseres Gehirns bilden ein Netz.	☐	☐	☐
3. Beim Vorgang des Einprägens sind Gefühle sehr wichtig.	☐	☐	☐
4. Im Kurzzeitgedächtnis bleiben die Informationen nur wenige Sekunden.	☐	☐	☐
5. Objektive Tatsachen werden im Gehirn an anderer Stelle gespeichert als persönliche Erinnerungen.	☐	☐	☐
6. Nervenzellen können elektrische Impulse aussenden.	☐	☐	☐
7. Es gibt keine einheitliche Theorie über den Prozess des Vergessens.	☐	☐	☐
8. Wenn wir uns bewegen, greifen wir auf das prozedurale Gedächtnis zurück.	☐	☐	☐

2a Ordne die Wörter mit ähnlicher Bedeutung zu. Schreib die Nomen mit Artikel.

behalten	~~Empfindung~~	Bereich	schießen	Moment	~~Gespür~~	sehr groß	lösen	Gebiet
mächtig	aufbewahren	Zeitpunkt	abweichend	entziffern	bombardieren	unterschiedlich		

1. das Gefühl _die Empfindung, das Gespür_
2. der Augenblick _____
3. entschlüsseln _____
4. riesig _____
5. feuern _____
6. speichern _____
7. die Region _____
8. verschieden _____

b Lies den zweiten Textteil im Kursbuch, Aufgabe 2b noch einmal. Welche Wörter aus dem Text entsprechen den Wörtern 1–6?

1. erreichen _____
2. verstehen _____
3. sich merken _____
4. untergliedern _____
5. verantwortlich sein _____
6. bezeichnen _____

c Welches Wort passt nicht? Streiche es durch.

1. erkennen – entdecken – erforschen – erraten
2. logisch – schlüssig – absichtlich – folgerichtig
3. begreifen – erfassen – empfinden – lernen
4. verdecken – aufdecken – zudecken – abdecken
5. plausibel – verständlich – einleuchtend – zweifelhaft
6. verblassen – verschwinden – undeutlich werden – blass werden
7. der Eindruck – die Empfindung – die Wahrnehmung – der Anschein
8. dauerhaft – reell – ständig – unaufhörlich
9. unbewusst – automatisch – instinktiv – geplant
10. der Ablauf – der Prozess – die Ursache – der Vorgang

3a Hör eine Radiosendung über das Gedächtnis. Markiere die Teilthemen, über die Dr. Baumann spricht.

38

☐ Bedeutung des Vergessens ☐ Aufbau des Gehirns ☐ Krankheiten des Gedächtnisses

☐ Speichern von Wissen im Gedächtnis ☐ Lernpausen ☐ Merkhilfen

b Hör noch einmal. Mach zu folgenden Punkten Notizen.

1. Thema der Sendung und Gast im Studio:

3. Definition von „Gedächtnis":

2. Beispiele für große Gedächtnisleistungen:

a

b

4. vorgestellte Mnemotechniken:

a

b

4a Ordne die Sprichwörter a–d den Umschreibungen 1–4 zu. Bilde dann aus den Umschreibungen Konditionalsätze ohne *wenn*.

1. _____ Wenn man aus den Fehlern seiner Vergangenheit lernt, macht man ähnliche Fehler nicht noch einmal.

2. _____ Wenn man andere an seinem Erfolg teilhaben lässt, macht einen das glücklicher.

3. _____ Wenn man sich anstrengt, kommt man zum gewünschten Erfolg.

4. _____ Wenn man Mut zum Risiko hat, wird man mit Erfolg belohnt.

1. Lernt man aus den Fehlern seiner Vergangenheit, macht man …

a Ohne Fleiß kein Preis.

b Geteilte Freude ist doppelte Freude.

c Frisch gewagt ist halb gewonnen.

d Aus Schaden wird man klug.

b Bilde aus den unterstrichenen Nominalformen Konditionalsätze mit und ohne *wenn*.

1. Bei fehlender Konzentrationsfähigkeit solltest du eine Pause einlegen.
2. Bei Vergesslichkeit helfen manchmal ein paar ganz einfache Tipps.
3. Ohne einen gut durchdachten Plan ist eine Prüfungsvorbereitung nicht so effektiv.
4. Beim Auswendiglernen ist es hilfreich, Mnemotechniken zu nutzen.

1. Wenn die Konzentrationsfähigkeit fehlt, solltest du eine Pause einlegen.
   Fehlt die Konzentrationsfähigkeit, solltest du eine Pause einlegen.

5a Bilde die Partizipialgruppe.

Konditionalsatz	Partizipialgruppe
1. Wenn man grob schätzt, …	
2. Wenn man annimmt, dass …	
3. Wenn man es kurz sagt, …	
4. Wenn man es anders formuliert, …	
5. Wenn man davon absieht, dass …	

b Wähle drei Partizipialgruppen aus 3a und schreib je einen Satz.

6 Unterstreiche in den Sätzen alle Partizipialgruppen und forme sie in Konditionalsätze um.

1. Genau genommen ist das Gehirn die oberste Steuerzentrale unseres Körpers.
2. Verglichen mit dem Gehirn eines Elefanten (5.400 g) ist das menschliche Gehirn um vieles leichter (1.300 g).
3. Genau betrachtet hat der Mensch im Verhältnis zum Körpergewicht das größte Gehirn.
4. Allgemein formuliert können Nervenzellen rasend schnell Informationen austauschen.
5. Es gibt viele Studien darüber, wie man am effektivsten lernt. Kurz zusammengefasst lernt man am besten, indem man Dinge selbst ausprobiert.
6. Abgesehen von 2,2 Prozent der Bevölkerung, die einen IQ von über 130 haben, besitzt die Masse der Bevölkerung (68 Prozent) einen IQ zwischen 85 und 115.

1. Wenn man es genau nimmt, ist das Gehirn die oberste Steuerzentrale unseres Körpers.

7 Welche Partizipialgruppe passt in die Sätze? Ergänze.

grob überschlagen   verglichen mit   abgesehen von   ehrlich gesagt   bei Licht betrachtet

1. ○ Kommst du nun heute Abend mit ins Kino?

   ● _____ habe ich keine Lust, mir heute einen Film anzusehen.

2. ○ Ich wollte in den Ferien einen dreiwöchigen Sprachkurs in England machen. Aber das wird teuer.

   ● Na _____ musst du mit 2.000 € rechnen.

3. ○ Herr Meyer, ich möchte meinen Aufsatz abholen.

   ● Ja, hier ist er. _____ diesem Fehler ist das wirklich eine gute Arbeit.

4. ○ Heute war meine letzte schriftliche Prüfung fürs Abitur. Das war ganz schön anstrengend.

   ● Das glaube ich. _____ deinem stressigen Tag hatte ich einen ruhigen.

5. ○ Was denkst du, habe ich mich richtig entschieden oder nicht?

   ● Ich dachte zuerst nicht. Aber _____ war deine Entscheidung vollkommen richtig.

Falsche Erinnerungen

1 Ergänze den Artikel.

1. _____ Gedächtnis   5. _____ Wissen   9. _____ Basisinformation

2. _____ Eindruck   6. _____ Wissenslücke   10. _____ Verstand

3. _____ Erlebnis   7. _____ Experiment   11. _____ Zeitzeuge

4. _____ Gehirn   8. _____ Zustand   12. _____ Prozess

2 Was passt zusammen? Ordne zu.

1. ____ in Vergessenheit   a hinterlassen

2. ____ jemanden emotional   b zusammenfügen

3. ____ etwas wie ein Puzzle   c geraten

4. ____ eine Geschichte   d ausschalten

5. ____ einen Eindruck   e speichern

6. ____ den Verstand   f ausschmücken

7. ____ Informationen   g berühren

3 Welche Wörter haben die gleiche oder eine ähnliche Bedeutung? Notiere die Paare.

_____ – _____

_____ – _____

_____ – _____

_____ – _____

_____ – _____

_____ – _____

_____ – _____

_____ – _____

der Zusammenhang

die Emotion

der Eindruck

die Einzelheit

das Geschehen

das Experiment

die Erklärung

die Definition

die Realität

die Wirklichkeit

das Detail   der Kontext   das Ereignis

die Impression   der Versuch   das Gefühl

4 Forme um wie im Beispiel.

1. die Rekonstruktion vergangener Ereignisse – *vergangene Ereignisse rekonstruieren*

2. die Manipulation von Erinnerungen – _____

3. die Speicherung von Informationen – _____

4. die richtige Einschätzung von Aussagen – _____

5. die Einordnung von Informationen in einen Kontext – _____

6. die Verdrängung von Ereignissen – _____

5a Arbeitet zu zweit. Jeder wählt eine Bildergeschichte (A oder B) und schreibt einen Urlaubsbericht.

b Vergleicht eure Geschichten in der Klasse.

1 Ordne die passende Umschreibung zu.

1. _____ Er braucht nicht anzurufen.

2. _____ Er hat nicht anzurufen.

3. _____ Er scheint nicht anzurufen.

4. _____ Er hat anzurufen.

a Er soll/darf nicht anrufen.

b Er muss anrufen.

c Er muss nicht anrufen.

d Er ruft anscheinend nicht an.

2 Ergänze *zu*, wo nötig.

1. ○ Kann ich mal kurz mit dir _____ sprechen?

   ● Tut mir leid, ich muss die Hausaufgaben unbedingt noch fertig _____ machen und der Aufsatz für Mittwoch ist auch noch _____ schreiben.

2. ▷ Hat Tim sich bei dir _____ entschuldigt?

   ▶ Nein, noch nicht. Er denkt bestimmt, er braucht sich nicht _____ entschuldigen.

   ▷ Also komm, das geht doch nicht! Der hat sich einfach bei dir _____ entschuldigen!

3. ○ Unsere Gespräche mit der Schulleitung über das Abschlussfest drohen _____ scheitern.

   ● Echt? Oh je, können wir euch irgendwie _____ helfen?

   ○ Nein, danke, uns ist leider nicht _____ helfen.

4. ▷ Ist das Problem mit deiner Handy-Rechnung _____ gelöst?

   ▶ Ja, es war ganz einfach _____ lösen.

3 Sag es anders. Forme die unterstrichenen Sätze in Sätze mit Modalitätsverben + *zu* + Infinitiv um.

○ Ich bin wirklich sauer. (1) Anscheinend erkennt mich meine neue Mitschülerin nicht mehr! Dabei haben wir uns schon prima verstanden! (2) Man muss doch wenigstens „Hallo!" sagen, wenn man sich trifft. (3) Aber nein, sie muss mich plötzlich nicht mehr grüßen.

● Jetzt beruhige dich doch erst mal. Das ist bestimmt keine Absicht gewesen. (4) Das Missverständnis kann man bestimmt schnell aufklären.

○ Keine Absicht? (5) Du kannst wirklich jedes Problem diplomatisch sehen … Ich meine, wir sind fast zusammengestoßen und sie grüßt nicht.

● Ja, ist ja gut. Du hast recht, es ist schon komisch. Aber jetzt entspann dich mal! (6) Wenn du dich weiter so aufregst, läufst du noch Gefahr, hysterisch zu werden.

○ Ja, ja, ist ja gut.

1. Meine neue Mitschülerin scheint mich nicht mehr zu …

Vergangene Tage

1a Arbeitet in Gruppen. Seht die Fotos und Schlagwörter an – zu welchen Schlagwörtern fallen euch weitere Informationen ein? Recherchiert auch im Internet und sammelt in der Gruppe.

60er-Jahre
Mauerbau – Flowerpower – Studentenbewegung –
Musik: Funk, Soul und Country-Rock

70er-Jahre
Frauenbewegung – Anti-Atomkraft-Bewegung –
„Deutscher Herbst" – Musik: Disco, Punk, New Wave

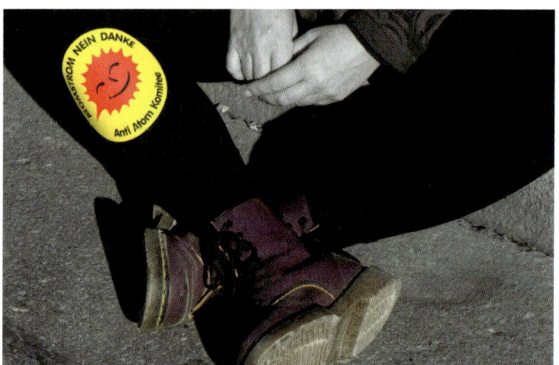

80er-Jahre
Hausbesetzungen – Friedensdemos – Die Grünen –
Fall der Mauer – AIDS – Privatfernsehen –
Musik: Neue Deutsche Welle

90er-Jahre
Wiedervereinigung – Sparpaket – Handys,
Farbkopierer, Internet – Musik: Techno

2000er-Jahre
BSE – Euro – Wirtschaftskrise – Bundeskanzlerin –
3D-Filme – soziale Netzwerke – Musik: Rap,
neuer deutscher Pop

2010er-Jahre
Eurokrise – erneuerbare Energie – Internet der
Dinge – E-Bikes – Stuttgart 21 – Full HD Fernsehen –
Hipster – Musik: Electronic Dance Music

b Hör die Personen – über welchen Aspekt „ihres" Jahrzehnts sprechen sie? Notiere Stichwörter.

39

c Lies die Kurztexte. Welche Jahrzehnte beschreiben sie? Notiere und ergänze die Texte mit Informationen aus den Hörtexten und den Schlagwörtern in 1a.

---

(1) _____

Diese Jahre waren in Deutschland von einem einschneidenden Ereignis geprägt: dem Bau der

(2) _____ mitten durch Berlin und der Errichtung der Grenzwälle entlang der

innerdeutschen Grenze. Die Menschen in der ehemaligen DDR waren jetzt hinter Zäunen und der

Mauer eingesperrt und konnten ihre Verwandten im Westen nicht mehr besuchen.

Von San Francisco in den USA ausgehend, gelangte die Hippie-Szene – auch

(3) _____-Zeit genannt, nach Deutschland. Die Hippies beeinflussten die Mode

stark und waren auch Vorreiter für die (4) _____ in Deutschland. Diese Bewegung

begann an den Universitäten, die Studenten forderten Freiheit, (5) _____ und

antiautoritäre Führungs- und Erziehungsstile.

---

(6) _____

Der Beginn dieses Jahrzehnts war geprägt von Aktionen für den Frieden. Etwa 300.000 Menschen nah-

men in Bonn an einer großen (7) _____ teil, auf der gegen das weltweite Wett-

rüsten protestiert wurde. In den folgenden Jahren gab es weitere Großdemonstrationen der Friedens-

bewegung.

Aus der Anti-Atomkraft-Bewegung entstand eine neue Partei, die sich den Umweltschutz als oberstes

Ziel setzte: (8) _____. Die Anhänger dieser – inzwischen etablierten – Partei

galten mit ihren langen Haaren und selbstgestrickten Pullovern als rebellisch und brachten neue Ideen

in das Parlament. Ende dieses Jahrzehnts endete auch die Teilung Deutschlands in zwei Staaten.

Ausgehend von großen Demonstrationen in Leipzig (9) _____ schließlich am

Ende dieses Jahrzehnts die Berliner Mauer.

---

(10) _____

Zu Beginn dieses Jahrzehnts wurde der (11) _____ eingeführt und in den

Ländern der Eurozone wurden die bisherigen Zahlungsmittel abgeschafft und durch die neue

Währung ersetzt.

Eine Tierseuche war für diese Zeit ebenfalls prägend: Der Rinderwahn, auch (12) _____

genannt, breitete sich von England aus in ganz Europa aus. Erst als es (13) _____

wurde, dem Tierfutter Knochenmehl beizumischen, konnte die Krankheit bezwungen werden.

Mit Angela Merkel war zum ersten Mal eine Frau (14) _____ in Deutschland. Und

in den Kinos konnte man die ersten (15) _____ genießen und die Erlebnisse im

Anschluss mit Freunden über (16) _____ teilen.

---

d Welche Epoche interessiert dich am meisten? Wähle einen Zeitraum aus und recherchiere Informationen (über Deutschland oder dein Land). Schreib einen kurzen Text über diese Zeit (wirtschaftliche und gesellschaftliche Situation, Mode, besondere Ereignisse, Musik …).

2 Was passt zusammen? Ordne zu und notiere zu jedem Redemittel einen Beispielsatz, der zu deinem Vortragsthema im Kursbuch passt.

1. _c_ Ich spreche heute   a Schluss noch sagen, dass …

2. ____ Man kann das mit   b noch einmal hervorheben, dass …

3. ____ Aus Erfahrung   c über das Thema …

4. ____ Man darf nicht   d den folgenden Beispielen verdeutlichen: …

5. ____ Bei uns   e kann ich sagen, dass …

6. ____ Abschließend möchte ich   f vergessen, dass …

7. ____ Lasst mich zum   g ist das folgendermaßen: …

1.c Ich spreche heute über das Thema Beziehungen.

Aussprache: Einen literarischen Text laut lesen

1a Lies einen Abschnitt aus einem Märchen. Wie heißt das Märchen?

Es war einmal ein kleines süßes Mädchen, das hatte jedermann lieb, der es nur ansah, am allerliebsten aber seine Großmutter (…). Da sagte einmal seine Mutter zu ihm: „Komm, (…) da hast du ein Stück Kuchen und eine Flasche Wein, die bring der Großmutter hinaus, weil sie krank und schwach ist, (…). Wie es ankam, stand die Türe auf, darüber verwunderte es sich und wie es in die Stube kam, sah es so seltsam darin aus, dass es dachte: „Ei! Du mein Gott, wie ängstlich wird es mir heut zu Mut und bin sonst so gern bei der Großmutter." Drauf ging es zum Bett und zog die Vorhänge zurück, da lag die Großmutter, hatte die Haube tief ins Gesicht gesetzt und sah so wunderlich aus. „Ei, Großmutter, was hast du für große Ohren!" – „Dass ich dich besser hören kann." – „Ei, Großmutter, was hast du für große Augen!" – „Dass ich dich besser sehen kann." – „Ei, Großmutter, was hast du für große Hände!" – „Dass ich dich besser packen kann." – „Aber Großmutter, was hast du für ein entsetzlich großes Maul!" – „Dass ich dich besser fressen kann." Und wie der Wolf das gesagt hatte, sprang er aus dem Bette und (…) verschlang es.

b Welche Mittel in der Aussprache und in der Betonung nutzt du, wenn du die Geschichte spannend und lebendig vorlesen willst? Sammelt zu zweit.

c Hört zu. Welche Mittel verwendet die Sprecherin? Vergleicht und ergänzt eure Notizen aus 1b.

40

2 Wähl aus dem Text im Kursbuch, Modul 4, Aufgabe 3a eine Passage aus und übe das laute Vorlesen. Lies erst allein. Trag deinen Text dann deinem Partner / deiner Partnerin vor.

Selbsteinschätzung

So schätze ich mich nach Kapitel 10 ein: Ich kann … + ○ −

… eine Ratgebersendung zum Thema „Erinnern und Vergessen" verstehen. ▶ÜB M1, Ü3

… eine Radiosendung über „Falsche Erinnerungen" im Detail verstehen. ▶M2, A2

… ein privates Gespräch hören und Vermutungen anstellen. ▶M3, A1

… Äußerungen von Zeitzeugen der letzten Jahrzehnte verstehen. ▶ÜB M4, Ü1b, c

… Texte über die Funktion des Gedächtnisses verstehen und Überschriften formulieren. ▶M1, A2

… einen Forumsbeitrag über falsche Erinnerungen verstehen. ▶M2, A3a

… Fragen zu einem Text über Gesichtsblindheit stellen und beantworten. ▶M3, A3b, c

… einen literarischen Text über Erinnerungen an die Kindheit zusammenfassen und die Beweggründe der Protagonisten erklären. ▶M4, A2–A4

… über Erinnerungen aus der eigenen Schulzeit sprechen. ▶M1, A1

… Aufgaben zum Thema „Gedächtnistraining" in der Klasse vorstellen. ▶M1, A5

… über Erinnerungen sprechen. ▶M2, A1

… einen Kurzvortrag halten. ▶M4, A5

… einen Forumsbeitrag zum Thema „Falsche Erinnerungen" schreiben. ▶M2, A3b

… anhand einer Bildergeschichte einen Urlaubsbericht schreiben. ▶ÜB M2, Ü5a

… einen Text über eine Epoche meiner Wahl schreiben. ▶ÜB M4, Ü1d

Das habe ich zusätzlich zum Buch auf Deutsch gemacht (Projekte, Internet, Filme, Lesetexte, …):

Datum:

Aktivität:

Grammatik und Wortschatz weiterüben: interaktive Online-Übungen unter www.klett-sprachen.de/aspekte-junior/online-uebungen3

Wortschatz

Modul 1   Erinnern und Vergessen

der Bruchteil, -e	_____	die Neurowissenschaft, -en	_____
entschlüsseln	_____	rätseln	_____
die Erinnerung, -en	_____	der Reiz, -e	_____
das Faktenwissen	_____	unbestechlich	_____
das Hirnareal, -e	_____	verblassen	_____
der Impuls, -e	_____	verknüpfen	_____
die Mnemotechnik, -en	_____	die Zelle	_____
der/die Neurologe/Neuro-login, -n/-nen	_____		

Wörter, die für mich wichtig sind:

_____   _____   _____   _____

_____   _____   _____   _____

_____   _____   _____   _____

_____   _____   _____   _____

Modul 2   Falsche Erinnerungen

abweichen (weicht ab, wich ab, ist abgewichen)	_____	trügerisch	_____
		ursprünglich	_____
bei etw. bleiben (bleibt, blieb, ist geblieben)	_____	verdrängen	_____
		Verlass sein auf	_____
emotional berühren	_____	die Verknüpfung, -en	_____
in einen Kontext einordnen	_____	vertuschen	_____
		verwechseln	_____
filtern	_____	die Wissenslücke, -n	_____
die Manipulation, -en	_____	der/die Zeitzeuge/Zeit-zeugin, -n/-nen	_____
der gesunde Menschen-verstand	_____	zusammenfügen	_____
eine große Rolle spielen	_____		

Wörter, die für mich wichtig sind:

_____   _____   _____   _____

_____   _____   _____   _____

_____   _____   _____   _____

_____   _____   _____   _____

Modul 3   **Kennen wir uns …?**

ahnen	_____	das Übliche	_____
auseinanderhalten (hält	_____	unhandlich	_____
auseinander, hielt	_____	unterscheiden (unter-	_____
auseinander, hat aus-		scheidet, unterschied,	
einander gehalten)		hat unterschieden)	
die soziale Ausgrenzung	_____	verbreitet sein	_____
beeinträchtigt sein	_____	vergeben (vergibt, vergab,	_____
kapieren	_____	hat vergeben)	
die Mühe, -n	_____	die Verwechslung, -en	_____
die Störung, -en	_____	verwundern	_____

Wörter, die für mich wichtig sind:

_____ _____   _____   _____

_____ _____   _____   _____

_____ _____   _____   _____

_____ _____   _____   _____

Modul 4   **Vergangene Tage**

die Beerdigung, -en	_____	umständlich	_____
gähnen	_____	unsichtbar	_____
der Krümel, -	_____	sich verbünden mit	_____
die Locke, -n	_____	verstorben	_____
die Schleuse, -n	_____	zermürbt	_____
das Schuldgefühl, -e	_____	zucken	_____
tödlich verunglücken	_____		
überhandnehmen (nimmt	_____		
überhand, nahm über-			
hand, hat überhand-			
genommen)			

Wörter, die für mich wichtig sind:

_____ _____   _____   _____

_____ _____   _____   _____

_____ _____   _____   _____

_____ _____   _____   _____

Unregelmäßige Verben

Infinitiv	Präsens	Präteritum	Perfekt
abnehmen	nimmt ab	nahm ab	hat abgenommen
abraten	rät ab	riet ab	hat abgeraten
abschließen	schließt ab	schloss ab	hat abgeschlossen
abschneiden	schneidet ab	schnitt ab	hat abgeschnitten
abweichen	weicht ab	wich ab	ist abgewichen
anbieten	bietet an	bot an	hat angeboten
anfallen	fällt an	fiel an	ist angefallen
anfangen	fängt an	fing an	hat angefangen
angeben	gibt an	gab an	hat angegeben
angehen	geht an	ging an	ist angegangen
angreifen	greift an	griff an	hat angegriffen
ankommen	kommt an	kam an	ist angekommen
annehmen	nimmt an	nahm an	hat angenommen
sich anschließen	schließt sich an	schloss sich an	hat sich angeschlossen
ansehen	sieht an	sah an	hat angesehen
ansprechen	spricht an	sprach an	hat angesprochen
aufgeben	gibt auf	gab auf	hat aufgegeben
aufgreifen	greift auf	griff auf	hat aufgegriffen
aufnehmen	nimmt auf	nahm auf	hat aufgenommen
aufstehen	steht auf	stand auf	ist aufgestanden
auftreten	tritt auf	trat auf	ist aufgetreten
aufwachsen	wächst auf	wuchs auf	ist aufgewachsen
aufwerfen	wirft auf	warf auf	hat aufgeworfen
auseinanderhalten	hält auseinander	hielt auseinander	hat auseinandergehalten
ausfallen	fällt aus	fiel aus	ist ausgefallen
aushalten	hält aus	hielt aus	hat ausgehalten
sich auskennen	kennt sich aus	kannte sich aus	hat sich ausgekannt
auskommen	kommt aus	kam aus	ist ausgekommen
ausschlafen	schläft aus	schlief aus	hat ausgeschlafen
aussterben	stirbt aus	starb aus	ist ausgestorben
ausziehen	zieht aus	zog aus	ist ausgezogen
backen	bäckt/backt	backte	hat gebacken
befehlen	befiehlt	befahl	hat befohlen
befinden	befindet	befand	hat befunden
beginnen	beginnt	begann	hat begonnen
begreifen	begreift	begriff	hat begriffen
behalten	behält	behielt	hat behalten
beheben	behebt	behob	hat behoben
beibringen	bringt bei	brachte bei	hat beigebracht
beißen	beißt	biss	hat gebissen
beitragen	trägt bei	trug bei	hat beigetragen
beitreten	tritt bei	trat bei	ist beigetreten
bekommen	bekommt	bekam	hat bekommen
beraten	berät	beriet	hat beraten
beschließen	beschließt	beschloss	hat beschlossen
bestehen	besteht	bestand	hat bestanden
besteigen	besteigt	bestieg	hat bestiegen
bestreichen	bestreicht	bestrich	hat bestrichen
betreiben	betreibt	betrieb	hat betrieben
betrügen	betrügt	betrog	hat betrogen
beweisen	beweist	bewies	hat bewiesen
sich bewerben	bewirbt sich	bewarb sich	hat sich beworben

Infinitiv	Präsens	Präteritum	Perfekt
beziehen	bezieht	bezog	hat bezogen
biegen	biegt	bog	hat gebogen
bieten	bietet	bot	hat geboten
binden	bindet	band	hat gebunden
bitten	bittet	bat	hat gebeten
bleiben	bleibt	blieb	ist geblieben
braten	brät	briet	hat gebraten
brechen	bricht	brach	hat/ist gebrochen
brennen	brennt	brannte	hat gebrannt
bringen	bringt	brachte	hat gebracht
denken	denkt	dachte	hat gedacht
durchhalten	hält durch	hielt durch	hat durchgehalten
durchkommen	kommt durch	kam durch	ist durchgekommen
dürfen	darf	durfte	hat dürfen/gedurft
(sich) einbringen	bringt (sich) ein	brachte (sich) ein	hat (sich) eingebracht
eindringen	dringt ein	drang ein	ist eingedrungen
einfallen	fällt ein	fiel ein	ist eingefallen
sich eingestehen	gesteht sich ein	gestand sich ein	hat sich eingestanden
einhalten	hält ein	hielt ein	hat eingehalten
einladen	lädt ein	lud ein	hat eingeladen
einschlafen	schläft ein	schlief ein	ist eingeschlafen
einschließen	schließt ein	schloss ein	hat eingeschlossen
eintreffen	trifft ein	traf ein	ist eingetroffen
einwerfen	wirft ein	warf ein	hat eingeworfen
einziehen	zieht ein	zog ein	hat/ist eingezogen
empfangen	empfängt	empfing	hat empfangen
empfehlen	empfiehlt	empfahl	hat empfohlen
empfinden	empfindet	empfand	hat empfunden
entfliehen	entflieht	entfloh	ist entflohen
enthalten	enthält	enthielt	hat enthalten
entlassen	entlässt	entließ	hat entlassen
(sich) entscheiden	entscheidet (sich)	entschied (sich)	hat (sich) entschieden
sich entschließen	entschließt sich	entschloss sich	hat sich entschlossen
entsprechen	entspricht	entsprach	hat entsprochen
entstehen	entsteht	entstand	ist entstanden
sich entziehen	entzieht sich	entzog sich	hat sich entzogen
erfahren	erfährt	erfuhr	hat erfahren
erfinden	erfindet	erfand	hat erfunden
ergeben	ergibt	ergab	hat ergeben
ergreifen	ergreift	ergriff	hat ergriffen
erhalten	erhält	erhielt	hat erhalten
erkennen	erkennt	erkannte	hat erkannt
erscheinen	erscheint	erschien	ist erschienen
ertragen	erträgt	ertrug	hat ertragen
erwerben	erwirbt	erwarb	hat erworben
erziehen	erzieht	erzog	hat erzogen
essen	isst	aß	hat gegessen
fahren	fährt	fuhr	ist gefahren
fallen	fällt	fiel	ist gefallen
fangen	fängt	fing	hat gefangen
festnehmen	nimmt fest	nahm fest	hat festgenommen
feststehen	steht fest	stand fest	hat festgestanden

Unregelmäßige Verben

Infinitiv	Präsens	Präteritum	Perfekt
finden	findet	fand	hat gefunden
fliegen	fliegt	flog	ist geflogen
fliehen	flieht	floh	ist geflohen
fließen	fließt	floss	ist geflossen
fressen	frisst	fraß	hat gefressen
frieren	friert	fror	hat gefroren
geben	gibt	gab	hat gegeben
gefallen	gefällt	gefiel	hat gefallen
gehen	geht	ging	ist gegangen
gelingen	gelingt	gelang	ist gelungen
gelten	gilt	galt	hat gegolten
genießen	genießt	genoss	hat genossen
geraten	gerät	geriet	ist geraten
geschehen	geschieht	geschah	ist geschehen
gewinnen	gewinnt	gewann	hat gewonnen
gießen	gießt	goss	hat gegossen
greifen	greift	griff	hat gegriffen
haben	hat	hatte	hat gehabt
halten	hält	hielt	hat gehalten
hängen	hängt	hing	hat gehangen
heben	hebt	hob	hat gehoben
heißen	heißt	hieß	hat geheißen
helfen	hilft	half	hat geholfen
herausbekommen	bekommt heraus	bekam heraus	hat herausbekommen
herausfinden	findet heraus	fand heraus	hat herausgefunden
herunterladen	lädt herunter	lud herunter	hat heruntergeladen
hervorheben	hebt hervor	hob hervor	hat hervorgehoben
hinnehmen	nimmt hin	nahm hin	hat hingenommen
hinterlassen	hinterlässt	hinterließ	hat hinterlassen
hinweisen	weist hin	wies hin	hat hingewiesen
kennen	kennt	kannte	hat gekannt
klarkommen	kommt klar	kam klar	ist klargekommen
klingen	klingt	klang	hat geklungen
kommen	kommt	kam	ist gekommen
können	kann	konnte	hat können/gekonnt
laden	lädt	lud	hat geladen
lassen	lässt	ließ	hat gelassen
laufen	läuft	lief	ist gelaufen
leiden	leidet	litt	hat gelitten
leihen	leiht	lieh	hat geliehen
lesen	liest	las	hat gelesen
liegen	liegt	lag	hat gelegen
lügen	lügt	log	hat gelogen
meiden	meidet	mied	hat gemieden
messen	misst	maß	hat gemessen
mögen	mag	mochte	hat mögen/gemocht
müssen	muss	musste	hat müssen/gemusst
nachdenken	denkt nach	dachte nach	hat nachgedacht
nachgehen	geht nach	ging nach	ist nachgegangen
nachlassen	lässt nach	ließ nach	hat nachgelassen
nachweisen	weist nach	wies nach	hat nachgewiesen
näherkommen	kommt näher	kam näher	ist nähergekommen

Infinitiv	Präsens	Präteritum	Perfekt
nehmen	nimmt	nahm	hat genommen
nennen	nennt	nannte	hat genannt
reiben	reibt	rieb	hat gerieben
reiten	reitet	ritt	ist geritten
rennen	rennt	rannte	ist gerannt
riechen	riecht	roch	hat gerochen
rufen	ruft	rief	hat gerufen
schaffen	schafft	schuf	hat geschaffen
scheinen	scheint	schien	hat geschienen
schieben	schiebt	schob	hat geschoben
schießen	schießt	schoss	hat geschossen
schlafen	schläft	schlief	hat geschlafen
schlagen	schlägt	schlug	hat geschlagen
schleichen	schleicht	schlich	ist geschlichen
schließen	schließt	schloss	hat geschlossen
schmeißen	schmeißt	schmiss	hat geschmissen
schneiden	schneidet	schnitt	hat geschnitten
schreiben	schreibt	schrieb	hat geschrieben
schreien	schreit	schrie	hat geschrien
schweigen	schweigt	schwieg	hat geschwiegen
schwimmen	schwimmt	schwamm	ist geschwommen
schwören	schwört	schwor	hat geschworen
sehen	sieht	sah	hat gesehen
sein	ist	war	ist gewesen
senden	sendet	sandte/sendete	hat gesandt/gesendet
singen	singt	sang	hat gesungen
sinken	sinkt	sank	ist gesunken
sitzen	sitzt	saß	hat gesessen
sollen	soll	sollte	hat sollen/gesollt
sprechen	spricht	sprach	hat gesprochen
springen	springt	sprang	ist gesprungen
stechen	sticht	stach	hat gestochen
stehen	steht	stand	hat gestanden
stehlen	stiehlt	stahl	hat gestohlen
steigen	steigt	stieg	ist gestiegen
sterben	stirbt	starb	ist gestorben
stoßen	stößt	stieß	hat gestoßen
streichen	streicht	strich	hat gestrichen
streiten	streitet	stritt	hat gestritten
teilnehmen	nimmt teil	nahm teil	hat teilgenommen
tragen	trägt	trug	hat getragen
treffen	trifft	traf	hat getroffen
treten	tritt	trat	hat/ist getreten
trinken	trinkt	trank	hat getrunken
tun	tut	tat	hat getan
überlassen	überlässt	überließ	hat überlassen
übernehmen	übernimmt	übernahm	hat übernommen
überstehen	übersteht	überstand	hat überstanden
übertreiben	übertreibt	übertrieb	hat übertrieben
überwiegen	überwiegt	überwog	hat überwogen
sich überwinden	überwindet sich	überwand sich	hat sich überwunden
unterbrechen	unterbricht	unterbrach	hat unterbrochen
sich unterhalten	unterhält sich	unterhielt sich	hat sich unterhalten

Unregelmäßige Verben

Infinitiv	Präsens	Präteritum	Perfekt
unterlassen	unterlässt	unterließ	hat unterlassen
unternehmen	unternimmt	unternahm	hat unternommen
(sich) unterscheiden	unterscheidet (sich)	unterschied (sich)	hat (sich) unterschieden
unterstreichen	unterstreicht	unterstrich	hat unterstrichen
verbergen	verbirgt	verbarg	hat verborgen
verbieten	verbietet	verbot	hat verboten
verbinden	verbindet	verband	hat verbunden
verbringen	verbringt	verbrachte	hat verbracht
vergeben	vergibt	vergab	hat vergeben
vergehen	vergeht	verging	ist vergangen
vergessen	vergisst	vergaß	hat vergessen
vergleichen	vergleicht	verglich	hat verglichen
verhelfen	verhilft	verhalf	hat verholfen
verlassen	verlässt	verließ	hat verlassen
verlieren	verliert	verlor	hat verloren
vermeiden	vermeidet	vermied	hat vermieden
verraten	verrät	verriet	hat verraten
verschieben	verschiebt	verschob	hat verschoben
verschlafen	verschläft	verschlief	hat verschlafen
verschwinden	verschwindet	verschwand	ist verschwunden
versprechen	verspricht	versprach	hat versprochen
verstehen	versteht	verstand	hat verstanden
vertreiben	vertreibt	vertrieb	hat vertrieben
vertreten	vertritt	vertrat	hat vertreten
verweisen	verweist	verwies	hat verwiesen
verzeihen	verzeiht	verzieh	hat verziehen
vorgehen	geht vor	ging vor	ist vorgegangen
vorhaben	hat vor	hatte vor	hat vorgehabt
vorkommen	kommt vor	kam vor	ist vorgekommen
vorlesen	liest vor	las vor	hat vorgelesen
vorschlagen	schlägt vor	schlug vor	hat vorgeschlagen
vortragen	trägt vor	trug vor	hat vorgetragen
wachsen	wächst	wuchs	ist gewachsen
wahrnehmen	nimmt wahr	nahm wahr	hat wahrgenommen
waschen	wäscht	wusch	hat gewaschen
wegbrechen	bricht weg	brach weg	ist weggebrochen
weitergeben	gibt weiter	gab weiter	hat weitergegeben
werben	wirbt	warb	hat geworben
werden	wird	wurde	ist geworden
werfen	wirft	warf	hat geworfen
widersprechen	widerspricht	widersprach	hat widersprochen
widerstehen	widersteht	widerstand	hat widerstanden
wiegen	wiegt	wog	hat gewogen
wissen	weiß	wusste	hat gewusst
wollen	will	wollte	hat wollen/gewollt
ziehen	zieht	zog	hat/ist gezogen
zugeben	gibt zu	gab zu	hat zugegeben
zunehmen	nimmt zu	nahm zu	hat zugenommen
sich zurechtfinden	findet sich zurecht	fand sich zurecht	hat sich zurechtgefunden
zurechtkommen	kommt zurecht	kam zurecht	ist zurechtgekommen
sich zurückziehen	zieht sich zurück	zog sich zurück	hat sich zurückgezogen
zwingen	zwingt	zwang	hat gezwungen

Verben, Nomen und Adjektive mit Präpositionen

Verb	Nomen	Adjektiv	Präposition + Kasus
(sich) abgrenzen	die Abgrenzung		von + D
abhängen	die Abhängigkeit	abhängig	von + D
abhalten			von + D
(sich) abmelden	die Abmeldung		von + D
abraten			von + D
abstimmen	die Abstimmung		über + A
achten			auf + A
	die Allergie	allergisch	auf + A
	die Alternative	alternativ	zu + D
ändern	die Änderung		an + D
anfangen	der Anfang		mit + D
		angewiesen	auf + A
sich ängstigen	die Angst		vor + D
ankommen			auf + A
anpassen	die Anpassung	angepasst	an + A
(sich) anschließen	der Anschluss		an + A
antworten	die Antwort		auf + A
arbeiten	die Arbeit		an + D / bei + D
sich ärgern	der Ärger	verärgert	über + A
assoziieren	die Assoziation		mit + D
	die Aufgeschlossenheit	aufgeschlossen	gegenüber + D
aufhören			mit + D
aufpassen			auf + A
sich aufregen	die Aufregung	aufgeregt	über + A
ausgehen			von + D
sich auskennen			mit + D
sich austauschen	der Austausch		mit + D / über + A
basieren			auf + D
sich bedanken			für + A / bei + D
sich befassen			mit + D
sich befinden			in + D
befreien	die Befreiung	frei	von + D
sich begeistern	die Begeisterung		für + A
		begeistert	von + D
beginnen	der Beginn		mit + D
beitragen	der Beitrag		zu + D
		bekannt	für + A
sich beklagen	die Klage		bei + D / über + A
	die Bereitschaft	bereit	zu + D
berichten	der Bericht		über + A / von + D
	die Berühmtheit	berühmt	für + A
sich beschäftigen	die Beschäftigung	beschäftigt	mit + D
sich beschweren	die Beschwerde		über + A / bei + D
bestehen			aus + D
sich beteiligen	die Beteiligung	beteiligt	an + D
	die Beunruhigung	beunruhigt	über + A
sich bewerben	die Bewerbung		um + A / bei + D
	die Bezeichnung	bezeichnend	für + A
sich beziehen	der Bezug	bezogen	auf + A
bitten	die Bitte		um + A

Verben, Nomen und Adjektive mit Präpositionen

Verb	Nomen	Adjektiv	Präposition + Kasus
		blass	vor + D
		böse	auf + A
		charakteristisch	für + A
danken	der Dank	dankbar	für + A
denken	der Gedanke		an + A
diskutieren	die Diskussion		über + A / mit + D
	die Eifersucht	eifersüchtig	auf + A
sich eignen	die Eignung	geeignet	für + A / zu + D
eingehen			auf + A
einladen	die Einladung		zu + D
sich einstellen			auf + A
	die Einstellung		zu + D
	das Einverständnis	einverstanden	mit + D
	die Empörung	empört	über + A
sich engagieren	das Engagement	engagiert	für + A / gegen + A / bei + D
(sich) entfernen	die Entfernung	entfernt	von + D
sich entscheiden	die Entscheidung		für + A / gegen + A
		entscheidend	für + A
sich entschließen	der Entschluss / die Entschlossenheit	entschlossen	zu + D
sich entschuldigen	die Entschuldigung		für + A / bei + D
	das Entsetzen	entsetzt	über + A
		enttäuscht	über + A / von + D
	die Enttäuschung		über + A
sich entwickeln	die Entwicklung		zu + D
	die Erfahrung	erfahren	in + D
	der Erfolg	erfolgreich	in + D
sich erholen	die Erholung	erholt	von + D
sich erinnern	die Erinnerung		an + A
sich erkundigen	die Erkundigung		bei + D / nach + D
	das Erstaunen	erstaunt	über + A
erwarten			von + D
	die Erwartung		an + A / bei + D
	die Fähigkeit	fähig	zu + D
fragen	die Frage		nach + D
sich freuen	die Freude		an + A / auf + A
sich freuen	die Freude	erfreut	über + A
		freundlich	zu + D
	die Freundschaft	befreundet	mit + D
		froh	über + A
sich fürchten	die Furcht		vor + D
gehören			zu + D
		gespannt	auf + A
sich gewöhnen	die Gewöhnung	gewöhnt	an + A
glauben	der Glaube		an + A
	die Gleichgültigkeit	gleichgültig	gegenüber + D
		glücklich	über + A
gratulieren	die Gratulation		zu + D
sich halten			an + A

Verb	Nomen	Adjektiv	Präposition + Kasus
(sich) halten			für + A
halten			von + D
	die Haltung		zu + D
handeln			von + D
handeln	der Handel		mit + D
sich handeln			um + A
helfen	die Hilfe	behilflich/hilfreich	bei + D
hinweisen	der Hinweis		auf + A
hoffen	die Hoffnung		auf + A
sich informieren	die Information	informiert	über + A
sich interessieren	das Interesse		für + A
	das Interesse	interessiert	an + D
investieren	die Investition		in + A
kämpfen	der Kampf		für + A / gegen + A / um + A
klarkommen			mit + D
sich konzentrieren	die Konzentration	konzentriert	auf + A
sich kümmern			um + A
lachen			über + A
leiden			an + D / unter + D
	die Liebe	lieb	zu + D
liegen			an + D
	das Misstrauen	misstrauisch	gegenüber + D
motivieren	die Motivation	motiviert	zu + D
nachdenken			über + A
	der Neid	neidisch	auf + A
	die Neugier / die Neugierde	neugierig	auf + A
	die Notwendigkeit	notwendig	für + A
	der Nutzen	nützlich	für + A
	die Offenheit	offen	für + A
sich orientieren	die Orientierung		an + D
passen		passend	zu + D
protestieren	der Protest		gegen + A
raten	der Rat		zu + D
reagieren	die Reaktion		auf + A
reden	die Rede		von + D / über + A
	der Reichtum	reich	an + D
retten	die Rettung		vor + D
sich richten			nach + D
schmecken	der Geschmack		nach + D
	die Schuld	schuld	an + D
sichern	die Sicherheit	sicher	vor + D
siegen	der Sieg	siegreich	über + A
	die Skepsis	skeptisch	gegenüber + D
sorgen			für + A
sich sorgen	die Sorge	besorgt	um + A
sich spezialisieren	die Spezialisierung	spezialisiert	auf + A
sprechen	das Gespräch		über + A / mit + D / von + D

Verben, Nomen und Adjektive mit Präpositionen

Verb	Nomen	Adjektiv	Präposition + Kasus
sterben			an + D
	der Stolz	stolz	auf + A
suchen	die Suche		nach + D
tauschen	der Tausch		gegen + A / mit + D
teilnehmen	die Teilnahme		an + D
tendieren	die Tendenz		zu + D
trauern	die Trauer	traurig	über + A
träumen	der Traum		von + D
sich treffen	das Treffen		mit + D
sich trennen	die Trennung	getrennt	von + D
		typisch	für + A
		überrascht	von + D
	die Überraschung	überrascht	über + A
überreden	die Überredung		zu + D
(sich) überzeugen		überzeugt	von + D
umgehen	der Umgang		mit + D
sich unterhalten	die Unterhaltung		über + A / mit + D
sich verabreden	die Verabredung	verabredet	mit + D
sich verabschieden	die Verabschiedung		von + D
	die Verantwortung	verantwortlich	für + A
verbinden	die Verbindung	verbunden	mit + D
sich verbünden			mit + A
vergleichen	der Vergleich	vergleichbar	mit + D
verlangen			von + D
sich verlassen			auf + A
sich verlieben	die Verliebtheit	verliebt	in + A
sich verpflichten	die Verpflichtung	verpflichtet	zu + D
		verrückt	nach + D
sich verstecken			vor + D
vertrauen	das Vertrauen		auf + A
		vertraut	mit + D
verweisen	der Verweis		auf + A
verzichten	der Verzicht		auf + A
sich vorbereiten	die Vorbereitung	vorbereitet	auf + A
warnen	die Warnung		vor + D
warten			auf + A
	die Wichtigkeit	wichtig	für + A
wirken	die Wirkung		auf + A
	die Wut	wütend	auf + A
sich wundern	die Verwunderung	verwundert	über + A
zählen			zu + D
	die Zufriedenheit	zufrieden	mit + D
zurückgreifen	der Rückgriff		auf + A
	die Zurückhaltung	zurückhaltend	gegenüber + D
zurückschrecken			vor + D
	die Zuständigkeit	zuständig	für + A
zweifeln	der Zweifel		an + D
zwingen	der Zwang		zu + D

Nomen-Verb-Verbindungen

Nomen-Verb-Verbindung	Bedeutung	Beispiel
Abschied nehmen von	sich verabschieden	Vor der langen Reise hat er von seinen Freunden Abschied genommen.
die Absicht haben zu	beabsichtigen	Ich habe die Absicht, bald die C1-Prüfung zu machen.
Abstand halten	sich distanzieren	Wenn mein Bruder sauer ist, halte ich lieber Abstand.
sich in Acht nehmen vor	aufpassen, vorsichtig sein	Vor manchen Menschen sollte man sich in Acht nehmen.
Alarm schlagen	alarmieren, aufmerksam machen auf	Wenn man eine Spielsucht bemerkt, sollte man rechtzeitig Alarm schlagen.
eine Änderung vornehmen	ändern	Jeder Computernutzer kann an seinem Passwort eine Änderung vornehmen.
Anerkennung finden	anerkannt werden	Die Ergebnisse der Studie finden weltweit Anerkennung.
den Anfang machen	anfangen	Wenn ihr den Streit beenden wollt, dann muss einer von euch den Anfang machen.
ein Angebot machen	etw. anbieten	Die Firma hat meiner Mutter ein tolles Angebot gemacht.
Angst haben vor	sich ängstigen vor	Ich habe Angst vor Hunden.
Angst machen	jdn. beängstigen	Der Klimawandel macht mir Angst.
(großen) Anklang finden	(sehr gut) ankommen, beliebt sein	Das Essen in der Mensa hat großen Anklang gefunden.
Anschluss finden	sich anfreunden mit	In der neuen Klasse habe ich schnell Anschluss gefunden.
der Ansicht sein	denken, meinen	Ich bin der Ansicht, dass man mehr für die Umwelt tun muss.
in Anspruch nehmen	(be)nutzen, beanspruchen	Wir sollten öffentliche Verkehrsmittel stärker in Anspruch nehmen.
Anteil haben an	beteiligt sein an etw.	Meine Eltern hatten großen Anteil daran, dass ich Musiker geworden bin.
Anteil nehmen an	mitfühlen	Ich nehme Anteil an dem Schicksal der betroffenen Leute.
einen Antrag stellen auf	beantragen	Familie Müller hat einen Antrag auf finanzielle Unterstützung gestellt.
zur Anwendung kommen	angewendet werden	Die teuren Therapien kommen oft nicht zur Anwendung.
zu der Auffassung gelangen	erkennen	Ich bin zu der Auffassung gelangt, dass man sich mehr engagieren sollte.
in Aufregung versetzen	(sich) aufregen, nervös machen	Die Ergebnisse der Studie versetzten Lehrer und Eltern in Aufregung.
einen Auftrag geben/ erteilen	beauftragen	Der Lehrer hat uns den Auftrag gegeben, Referate vorzubereiten
zum Ausdruck bringen	etw. äußern, ausdrücken	Er brachte seine Besorgnis zum Ausdruck.
einen Ausgleich haben zu	etw. ausgleichen	Mit meinem Sport habe ich einen Ausgleich zum Lernen und Sitzen am Schreibtisch.
zur Auswahl stehen	angeboten werden	Heute stehen viele energiesparende Geräte zur Auswahl.
Beachtung finden	beachtet werden	Alternative Energieformen finden momentan große Beachtung.
in Behandlung sein	behandelt werden	Mein Freund ist wegen seiner Onlinesucht in psychologischer Behandlung.
einen Beitrag leisten zu	etw. beitragen	Jeder kann einen Beitrag zum Umweltschutz leisten.

Nomen-Verb-Verbindungen

Nomen-Verb-Verbindung	Bedeutung	Beispiel
einen Beruf ausüben	arbeiten (als), beruflich machen	Jonas Schmidt übt seinen Beruf als Taxifahrer schon seit 20 Jahren aus.
Bescheid geben/sagen	jdn. informieren	Können Sie mir bitte Bescheid sagen, wann der Nachhilfekurs beginnt?
Bescheid wissen	informiert sein	Über Politik wissen manche Leute immer noch zu wenig Bescheid.
eine Bestellung aufgeben	etw. bestellen	Wir haben unsere Bestellung bereits vor einer Stunde aufgegeben und warten immer noch.
in Betracht kommen	möglich sein	Zur Lösung des Problems kommen mehrere Möglichkeiten in Betracht.
in Betracht ziehen	überlegen	Viele junge Leute ziehen in Betracht, wegen eines Studiums umzuziehen.
Bezug nehmen auf	sich beziehen auf	Mit meiner E-Mail nehme ich Bezug auf das Thema „E-learning – die moderne Art zu lernen".
unter Beweis stellen	etw. beweisen	Der neue Trainer muss sein Können erst noch unter Beweis stellen.
seinen Dank ausdrücken durch	sich bedanken mit	Man kann seinen Dank für die schöne Musik durch eine Spende an die Straßenkünstler ausdrücken.
zur Diskussion stehen	diskutiert werden	Verschiedene Lösungen stehen zur Diskussion.
unter Druck stehen	gestresst sein	Jugendliche stehen heute enorm unter Druck.
den Eindruck haben	denken, meinen	Zuerst hatte ich den Eindruck, dass Tom mich nicht mag. Aber das stimmte nicht.
Eindruck machen auf	beeindrucken	Das Engagement vieler Leute macht auf mich großen Eindruck.
Einfluss haben/nehmen auf	beeinflussen	Ich möchte auf diese Entscheidung keinen Einfluss nehmen.
zu Ende bringen	beenden/abschließen	Wir müssen die wichtigen Forschungsvorhaben zu Ende bringen.
eine Entscheidung treffen	etw. entscheiden	Hast du wegen des Praktikums schon eine Entscheidung getroffen?
einen Entschluss fassen	beschließen, sich entschließen	Einige Länder haben endlich den Entschluss gefasst, das Trinkwasser besser zu schützen.
in Erfüllung gehen	sich erfüllen	Mein größter Wunsch ist in Erfüllung gegangen.
die Erlaubnis erteilen	erlauben	Der Lehrer erteilte der Klasse die Erlaubnis, in dieser Schulstunde im Internet zu surfen.
einen Fehler begehen	etw. Falsches tun	Ich beging einen Fehler, als ich meine Freundin anlog.
die Flucht ergreifen	fliehen	Der Dieb ergriff, so schnell er konnte, die Flucht.
zur Folge haben	folgen aus etw., bewirken	Die Entwicklung der letzten Jahre hat zur Folge, dass neue Technologien stärker gefördert werden.
eine Forderung stellen	etw. fordern	Er stellt ganz schön viele Forderungen.
eine Frage aufwerfen	fragen	In dem Text wird die Frage aufgeworfen, wie Jugendliche über Ernährung denken.
in Frage kommen	relevant/akzeptabel sein	Es kommt nicht in Frage, dass du schon wieder ein Online-Spiel spielst.
außer Frage stehen	(zweifellos) richtig sein, etwas nicht bezweifeln	Es steht außer Frage, dass neue Technologien für die Wirtschaft wichtig sind.
eine Frage stellen	fragen	Entschuldigung, kann ich Ihnen eine Frage stellen?

Nomen-Verb-Verbindung	Bedeutung	Beispiel
in Frage stellen	bezweifeln, anzweifeln	Dass genug für Obdachlose getan wird, möchte ich doch in Frage stellen.
Gebrauch machen von	etw. nutzen, verwenden	Jeder kann von seinem Recht Gebrauch machen, seine Meinung frei äußern zu dürfen.
sich Gedanken machen über	nachdenken	Viele Menschen machen sich Gedanken darüber, wie sie ihre guten Vorsätze umsetzen könnten.
in Gefahr sein	gefährdet sein	Die Realisierung des Projekts ist in Gefahr.
ein Gespräch führen (mit, über)	sich unterhalten, sprechen	Ich habe mit meinen Eltern ein Gespräch über meine Zukunftspläne geführt.
in ein Gespräch verwickeln	jdn. ansprechen	Zuerst hat mich der Dieb in ein Gespräch verwickelt und dann meine Tasche gestohlen.
im Griff haben	etw. kontrollieren können	Im Moment hat er seine Internetsucht noch nicht im Griff.
den Grund angeben	etw. begründen	Unser Lehrer hat für diese Entscheidung keine Gründe angegeben.
sich als Herausforderung gestalten	nicht leicht sein	Unser Schulprojekt hörte sich ganz leicht an, aber es gestaltete sich dann echt als Herausforderung.
Hoffnung haben	hoffen	Ich habe die Hoffnung, dass mein Verein dieses Wochenende gewinnt.
sich Hoffnungen machen	hoffen	Jan macht sich Hoffnungen, dass er den Test bestanden hat.
Interesse haben an	sich interessieren für	Ich habe großes Interesse an diesem Thema.
Interesse wecken für	jdn. interessieren für	Das Interesse an der Wissenschaft sollte bei Kindern schon früh geweckt werden.
in Kauf nehmen	(Nachteiliges) akzeptieren	In einer WG muss man in Kauf nehmen, dass man sich an bestimmte Regeln halten muss.
zur Kenntnis nehmen	bemerken, wahrnehmen	Bitte nehmen Sie zur Kenntnis, dass das Rauchen in der Schule verboten ist.
einen Kick geben	reizvoll/spannend sein	Krimis geben uns einen Kick, weil wir dort Menschen in nicht-alltäglichen Situationen erleben.
in Kontakt treten mit	kontaktieren	Ist dein Bruder schon mit seiner Gastfamilie in Kontakt getreten?
über Kontakte verfügen	vernetzt/verbunden sein / jdn. kennen	Verfügst du über Kontakte im Sportverein? Ich suche einen guten Tennislehrer.
unter Kontrolle haben	etw. kontrollieren	Meine Freundin ist Tag und Nacht online. Das hat sie nicht mehr unter Kontrolle.
durch den Kopf gehen	einfallen / denken an	Mir ist gestern ein toller Gedanke durch den Kopf gegangen: Du könntest deine Bilder in einer Galerie ausstellen.
die Kosten tragen	bezahlen	Wer trägt die Kosten des Unfalls?
einen Kredit aufnehmen	Geld leihen, sich verschulden	Für das Studium muss ich einen Kredit bei der Bank aufnehmen.
Kritik üben an	kritisieren	An der derzeitigen Bildungspolitik wird viel Kritik geübt.
in der Lage sein	können, fähig sein	Wir sind alle in der Lage, etwas für die Gesellschaft zu tun.
(kein) Land sehen	(k)ein Ende sehen, (keine) Aussicht auf Erfolg haben	Wie willst du den ganzen Stoff denn in so kurzer Zeit lernen? Ich sehe da echt kein Land.
auf dem Laufenden sein	informiert sein	Bist du über die neuesten Entwicklungen auf dem Laufenden?

Nomen-Verb-Verbindungen

Nomen-Verb-Verbindung	Bedeutung	Beispiel
auf den Markt bringen	etw. (zum ersten Mal) verkaufen	Immer mehr neue Geräte werden auf den Markt gebracht.
eine Meinung darlegen	erklären, begründen	Ich möchte meine Meinung zu diesem Thema darlegen.
im Mittelpunkt stehen	zentral sein	Bei der Diskussion mit meinen Eltern stand die Frage im Mittelpunkt, ob ich später studiere.
sich Mühe geben	sich bemühen	Er gibt sich wirklich Mühe, die neue Sprache zu lernen.
zur Nebensache werden	nebensächlich, weniger wichtig werden	Während des Abiturs wurden meine Hobbys zur Nebensache.
die Oberhand gewinnen	sich durchsetzen	In den Ferien habe ich nichts gemacht. Trotzdem hat die Langeweile nie die Oberhand gewonnen.
eine Pause einlegen/ machen	(kurz) stoppen/ unterbrechen	Du solltest beim Lernen auch immer wieder für 10 Minuten eine Pause einlegen.
ein Referat halten über/zu	vortragen, referieren	Am Donnerstag halte ich ein Referat über das Thema „Kommunikation".
ein Resümee ziehen	etw. (wertend) zusammenfassen	Am Ende des Jahres ziehen viele Menschen ein Resümee und überlegen, was besser werden soll.
eine Rolle spielen	relevant/wichtig sein	Musik spielt in meinem Leben eine große Rolle.
Rücksicht nehmen auf	rücksichtsvoll sein	Wir müssen stärker Rücksicht auf unsere Mitmenschen nehmen.
Ruhe bewahren	ruhig bleiben	Auch in einer wichtigen Prüfung solltet ihr vor allem Ruhe bewahren.
Schluss machen mit	beenden	Mit der Wasserverschwendung müssen wir endlich Schluss machen.
ein Schreiben verfassen	etw. schreiben	Ich muss ein Schreiben für meine Bewerbung verfassen.
in Schutz nehmen	(be)schützen, verteidigen	Das war nicht in Ordnung, aber du nimmst ihn wieder in Schutz!
Sehnsucht haben nach	sich sehnen	Im Ausland hatte ich große Sehnsucht nach meinen Freunden.
sich Sorgen machen um	sich sorgen	Ich mache mir große Sorgen um meinen Freund.
aufs Spiel setzen	riskieren	Wir dürfen unsere Zukunft nicht aufs Spiel setzen.
zur Sprache bringen	ansprechen	Dieses Thema sollte häufiger zur Sprache gebracht werden.
etw./jdm. auf der Spur sein	etw./jdn. verfolgen	Der Kommissar war den Dieben schnell auf der Spur.
auf dem Standpunkt stehen	meinen	Ich stehe auf dem Standpunkt, dass Jugendliche mehr Unterstützung brauchen.
Stellung nehmen zu	seine Meinung äußern	Ich möchte dazu kurz Stellung nehmen.
einen Strich durch die Rechnung machen	etw. verhindern	Eigentlich wollten wir heute eine Radtour machen. Aber das Gewitter macht uns einen Strich durch die Rechnung.
sich einen Überblick verschaffen über	sich orientieren	Nachdem sich die Schüler einen Überblick über die Aufgaben verschafft hatten, bearbeiteten sie den Test.
Überlegungen anstellen zu	nachdenken	Die Geschichtsforscher stellen Überlegungen dazu an, was wir aus der Geschichte lernen können.
in der Überzahl sein	(zu/sehr) viele sein	Gestern wurde der neue Gesetzesvorschlag diskutiert. Die Befürworter waren klar in der Überzahl.

Nomen-Verb-Verbindung	Bedeutung	Beispiel
Untersuchungen anstellen	etw. untersuchen	Es wurden Untersuchungen zum Thema „Computerspielsucht" angestellt.
eine Verabredung treffen zu/mit	etw. vereinbaren	Welche Verabredungen zum Praktikumsvertrag wurden denn mit dir getroffen?
Verantwortung tragen für	verantwortlich sein	Du trägst die Verantwortung für deine Haustiere.
sich mit jdm. in Verbindung setzen	mit jdm. Kontakt aufnehmen	Mein Lehrer will sich morgen mit meinen Eltern in Verbindung setzen.
unter Verdacht stehen	verdächtigt werden	Die Frau stand unter Verdacht, das Kleid gestohlen zu haben.
zur Verfügung stehen	vorhanden sein, für jdn. da sein	Für das Projekt steht nicht genug Geld zur Verfügung.
in Verlegenheit bringen	verlegen machen	Mit seinen Fragen hat er mich in Verlegenheit gebracht.
Verständnis haben für	verstehen	Ich habe für dieses Problem kein Verständnis.
einen Vorsatz fassen	sich etw. vornehmen, planen	Jana hat den Vorsatz gefasst, weniger Fleisch zu essen.
Vorschriften machen	jdm. etw. vorschreiben	Es nervt mich, dass mir meine Eltern immer so viele Vorschriften machen.
eine Wirkung haben	wirken	Diese Tabletten habe eine gute Wirkung bei Kopfschmerzen.
aus dem Weg gehen	jdn. vermeiden, jdm. ausweichen	Seit dem Streit gehen sie sich aus dem Weg.
sich ein Ziel setzen	sich etw. vornehmen, planen	Wir haben uns das Ziel gesetzt, im nächsten Jahr mehr Sport zu treiben.
Zugriff haben auf	verfügbar sein	Im Internet hat man sofort Zugriff auf viele Informationen.
Zweifel haben an	bezweifeln	Experten haben Zweifel an der Wirksamkeit dieses Medikaments.
außer Zweifel stehen	nicht bezweifelt werden	Es steht außer Zweifel, dass wir heutzutage zu viel Zeit am Computer verbringen.

Bild- und Textnachweis

S. 6   1: wavebreakmedia – shutterstock.com, 2: lzf – stock. adobe.com, 3: kissmelunastudio – shutterstock.com, 4: MikeBiTa – shutterstock.com, 5: Tewan Banditrukkanka – shutterstock.com

S. 7   Pressmaster – shutterstock.com

S. 10   1: Studio Araminta – shutterstock.com, 2: Antonio Guillem – shutterstock.com

S. 11   Kzenon – Fotolia.com

S. 12   1 Marcus Gottfried/toonpool.com, 2: Andrey_Popov – shutterstock.com

S. 15   1: Nicole Lienemann – shutterstock.com, 2: ER_09 – shutterstock.com, 3: Michael von Aichberger – shutterstock.com

S. 20   Monkey Business Images – shutterstock.com

S. 22   1: Dean Drobot – shutterstock.com, 2: goodluz – shutterstock.com, 3: polya_olya – shutterstock.com

S. 23   Kanashkin Evgeniy – shutterstock.com

S. 24   Textauzug aus „BMW-Mitarbeiter erhalten Ausgleich für Smartphonearbeit", FAZ.NET vom 16.02.2014, © Alle Rechte vorbehalten. Frankfurter Allgemeine Zeitung GmbH, Frankfurt. Zur Verfügung gestellt vom Frankfurter Allgemeine Archiv; Foto: Tanusha – Fotolia.com

S. 25   wavebreakmedia – shutterstock.com

S. 27   Lemon Tree Images – shutterstock.com

S. 28   Pressmaster – shutterstock.com

S. 29   1: Alexander Heinl/dpa – picture-alliance, 2: finwal89 – shutterstock.com, 3: Elena Elisseeva – shutterstock.com, 4: Darren Baker – shutterstock.com

S. 30   dpa-infografik – picture-alliance

S. 34   Trueffelpix – shutterstock.com

S. 35   1: vectorfusionart – shutterstock.com, 2: industryviews – shutterstock.com

S. 37   fizkes – shutterstock.com

S. 39   Text zu Assessmentcenter (gekürzt) aus manager-magazin.de, Beitrag vom 07.03.2009, © Sabrina Kurth und Marc Röhlig, Foto: Photographee.eu – shutterstock.com

S. 43   Text: Praktikumsbüro EW (2007): Praktikantenvertrag – ein Beispiel aus dem Studiengang Erziehungswissenschaft an der Universität Duisburg-Essen

S. 44   Gina Sanders – Fotolia.com

S. 48   1: alice-photo – shutterstock.com, 2: Frank May – picture-alliance, 3: mojolo – Fotolia.com, 4: Cordula Schurig – Klett-Langenscheidt Archiv, 5: Rainer Plendl – shutterstock.com

S. 50   Fona – shutterstock.com

S. 51   © pmv Peter Meyer Verlag 2018

S. 52   Dudakova Elena – shutterstock.com

S. 54   Victoria – Fotolia.com

S. 55   1: AleksOrel – shutterstock.com, 2: Ugis Riba – shutterstock.com

S. 56   Dejan Dundjerski – shutterstock.com

S. 63   1: Sergey Furtaev – shutterstock.com, 2: Cookie Studio – shutterstock.com, 3: Indigo Fish – shutterstock.com

S. 65   Twin Design – shutterstock.com

S. 66   1: Tom Wang – shutterstock.com, 2: Ikonoklast Fotografie – shutterstock.com, 3: Ariwasabi – shutterstock.com, 4: gemphoto – shutterstock.com, 5: Max Topchii – shutterstock.com, 6: Michal Ludwiczak – shutterstock.com

S. 68   1: Jason Stitt – shutterstock.com, 2: DWaschnig – shutterstock.com

S. 69   wavebreakmedia – shutterstock.com

S. 72   Burkhard Mohr

S. 77   1: Yuganov Konstantin – shutterstock.com, 2: dolomite-summits – shutterstock.com, 3: Nik Stock – shutterstock.com, 4: Elena Sherengovskaya – shutterstock.com, 5: Liderina – shutterstock.com

S. 78   Michael Mantel

S. 79   Kenishirotie – shutterstock.com

S. 81   1: Grafik: Techniker Krankenkasse, 2: © dpa-infografik

S. 82   1: contrastwerkstatt – Fotolia.com, 2: Nestor Rizhniak – shutterstock.com

S. 83   Jack Frog – shutterstock.com

S. 84   1: wavebreakmedia – shutterstock.com, 2: Syda Productions – shutterstock.com

S.84-85   Text: Kurt Tucholsky: Ratschläge für einen schlechten Redner (gekürzt). aus: Panter, Tiger und andere. Kapitel 52.

S. 86   Syda Productions – shutterstock.com

S. 91   1: © dpa – picture-alliance, 2: Hans Wilken/Nordwest-Zeitung – NORDWEST-ZEITUNG Verlagsgesellschaft mbH & Co. KG, 3: alex-popov – shutterstock.com

S. 93   mekcar – Fotolia.com

S. 96   Djent – shutterstock.com

S. 98-99   Text & Buchcover: Ursula Poznanski, Erebos © 2010 Loewe Verlag GmbH, Bindlach, Buchcover

S. 104   ESB Professional – shutterstock.com

S. 105   MH – Fotolia.com

S. 106   1: al62 – Fotolia.com, 2: Ryzhkov Photography – shutterstock.com

S. 107   1: Minerva Studio – Fotolia.com, 2: Monkey Business Images – shutterstock.com

S. 108   nelcartoons.de – NEL / Ioan Cozacu

S. 109   Julius Beltz GmbH & Co.KG

S. 111   Daisy Daisy – shutterstock.com

S. 112   Carolin Saage

S. 113   zhukovvvlad – shutterstock.com

S. 118   1: KieferPix – shutterstock.com, 2: Goran Bogicevic – shutterstock.com, 3: David Pereiras – shutterstock.com

S. 119   1: Schleyer – ullstein bild, 2: © dpa, 3: JazzArchivHamburg – ullstein bild

S. 121   g-stockstudio – shutterstock.com

S. 122   Olena Hromova – shutterstock.com

S. 125   1: SpeedKingz – shutterstock.com, 2: wavebreakmedia – shutterstock.com

S. 126   1: Africa Studio – shutterstock.com, 2: Aila Images – shutterstock.com

S. 127   1: Uli Deck/dpa – picture-alliance, 2: Cornelia Funke: Reckless. Das goldene Garn © Dressler Verlag GmbH, Hamburg 2015.

S. 128   Geisler-Fotopress – picture-alliance

S. 134   sebra – shutterstock.com

S. 137   E.Druzhinina – shutterstock.com

S. 139   SeventyFour – shutterstock.com

S. 140   1: minormanori – Fotolia.com, 2: LightingKreative – Fotolia.com, 3: Axel Bueckert – shutterstock.com, 4: mr.markin – Fotolia.com, 5: George Dolgikh – Fotolia.com, 6: S. Kuelcue – shutterstock.com

S. 142   Text: Rotkäppchen" (gekürzt) von: Jacob Grimm, Wilhelm Grimm, Berlin 1825 / 1843, mit angepasster Schreibweise, Bild: Mark Grenier – shutterstock.com

Audiomaterialien

Track 14: Auszug aus einem „Interview, das keines ist" © Stilbruch GbR
Track 40: „Rotkäppchen" (gekürzt) von: Jacob Grimm, Wilhelm Grimm, Berlin 1825/1843.

Sprecherinnen und Sprecher:

Simone Brahmann, Farina Brock, Julia Cortis, Marco Diewald, Clara Gerlach, Linda Grätz, Walter von Hauff, Carlotta Immler, Louis Kübel, Detlef Kügow, Philipp Lainović, Sofia Lainović, Christof Lenner, Nina Pietschmann, Florian Schwarz, Kathrin Anna Stahl, Helge Sturmfels, Peter Veit, Sabine Wenkums

Schnitt und Postproduktion: Christoph Tampe
Studio: Plan 1, München